ミネルヴァ日本評伝選

日本精神文化の真義を闡明せむ

村岡典嗣

水野雄司著

ミネルヴァ書房

刊行の趣意

「学問は歴史に極まり候ことに候」とは、先哲荻生徂徠のことばである。
歴史のなかにこそ人間の智恵は宿されている。人間の愚かさもそこにはあらわだ。この歴史を探り、歴史に学んでこそ、人間はようやくみずからの正体を知り、いくらかは賢くなることができる。新しい勇気を得て未来に向かうことができる。徂徠はそう言いたかったのだろう。

「ミネルヴァ日本評伝選」は、私たちの直接の先人について、この人間知を学びなおそうという試みである。日本列島の過去に生きた人々の言行を、深く、くわしく探って、そこに現代への批判を聴きとろうとする試みである。日本人ばかりではない。列島の歴史にかかわった多くの異国の人々の声にも耳を傾けよう。

先人たちの書き残した文章をそのひだにまで立ち入って読み、彼らの旅した跡をたどりなおし、彼らのなしとげた事業を広い文脈のなかで注意深く観察しなおす——そのとき、はじめて先人たちはいまの私たちのかたわらによみがえってくる。彼らのなまの声で歴史の智恵を、また人間であることのよろこびと苦しみを、私たちに伝えてくれもするだろう。

この「評伝選」のつらなりのなかから、列島の歴史はおのずからその複雑さと奥ゆきの深さをもって浮かび上がってくるはずだ。これを読むとき、私たちのなかに新たな自信と勇気が湧いてきて、その矜持と勇気をもって「グローバリゼーション」の世紀に立ち向かってゆくことができる——そのような「ミネルヴァ日本評伝選」にしたいと、私たちは願っている。

平成十五年（二〇〇三）九月

上横手雅敬
芳賀　徹

村岡典嗣（昭和17年，東北大学構内）（村岡なほ子氏蔵）

村岡家家族写真（村岡なほ子氏蔵）

後列左から，夏雄（三男），哲（長男），雅典（次男）。前列左から，稜威子（長女），典嗣，起家（妻）。

講義ノート「日本思想史概説」と『本居宣長』（重版）の原稿

（東北大学史料館蔵）

はしがき

日本思想史の村岡教授は生粋の日本主義者なのだが、そこいらのファッショ的デマゴーグと異なつて、飽く迄科学的態度を主張して、インチキなく日本的なものを打出したりなぞはしない「日本的なもの」を飽く迄分析して行つてその本源を究めるといふのだから、一見「日本的なもの」を打ちこはしてゐるみたいである。

（貴島大学研究室編『左翼右翼大学教授を解剖する』一九三五年）

村岡典嗣《むらおかつねつぐ》とは、「日本思想史学」を確立した人物である。

明治十七（一八八四）年に生まれた村岡は、大正十三（一九二四）年、東北帝国大学法文学部における日本思想史専攻の初代教授に着任する。

当時、日本思想史は、ほとんど未開拓の、未知の学問分野であった。一方で、安易な「日本」をめぐる言説が蔓延《はびこ》っている、戦争の足音が聞こえてくる時代でもある。そうしたなか、時流に便乗することなく、あくまで徹底した学問的見地から「日本」を見据えようとしたのが、村岡だった。

「ファッショ的デマゴーグ」からは距離をとり、「日本的なもの」の「本源」を求めることに生涯を捧げた村岡は、昭和二十一（一九四六）年四月、敗戦の翌年に戦後日本の歩みを見ることなく、享年六十一歳で亡くなる。

しかし、見慣れない人物名に惹かれて本書を手にとった方は、次のように思ったかもしれない。

「日本思想」とは

「日本思想」とは、一体何だろうか。

神道なのか、仏教なのか、儒教なのか。それらすべてなのか。それらすべてではないのか。またそうした「宗教」として括《くく》られない、何かなのか。

そしてこの疑問は、そもそもネットの網が世界中に張り巡らされ、すべての情報が一瞬のうちに共有されるグローバル社会において、一国の思想を突き詰めることにどこまで意義があるのか、という問いに繋がっていく。

この問題の顕在化は、一九八〇年代まで遡る。

エリック・ホブズボウム（一九一七〜二〇一二）は、国民のアイデンティティを支えている「伝統」や「歴史的記憶」が、実は、国民国家の形成過程で「創造」「発明」されたものであることを指摘した。ホブズボウムが提示する「伝統の発明」とは、ある集団が、すでに持っていた彼らの歴史的・文化的記憶を、いびつに誇張する形でクローズアップし、「国民」の歴史や伝統として創っていく行為を指している。さらにそれが、学校や家庭などで「国民」にくりかえし反唱されることで、「創られた伝統」は人工的なものから、自然なものへと脱皮していく。「国民」は、あたかも建国のその日から有していたかのような先天的性質として、無意識にそれを捉えるようになっていくのである（E・ホブズボウム、T・レンジャー『創られた伝統』。原著は、一九八三年刊）。

現実では、ソビエト連邦という巨大な国家の崩壊をひとつの契機として、人々の理想や理念に反して膨れ上がった国家に対する疑念は、「国」という枠組み自体に向かっていった。国境を越えてなされる人の移動や情報の伝達は、グローバルな視点から対処する必要性を人々に迫り、そして国自体の自明性を議論の俎上に載せた。

そしてこうした自明性に対する懐疑は、現代においてもはや前提となっている。平成二十五（二〇一三）年から、苅部直、黒住真、佐藤弘夫、末木文美士が編集委員となり『岩波講座　日本の思想』（全八巻）が刊行されたが、第一巻の冒頭に載せられた「編集にあたって」は、次のように始まっている。

世の中が大きく変わりつつある時代には、思想においてもあらゆるものが批判の俎上にのせられる。日本思想に関する研究もまた例外ではない。「神道」とは何か。「武士道」は存在したのか。「仏教」や「儒学」の受容と呼べるような実態はあったのか。そもそも「思想」とは、「日本」とは何か……。こうした概念枠組みの多くが、せいぜい近代以降に創られたものであることが指摘されるようになり、それを自明のものとして論じることは、もはや不可能になった。

（「編集にあたって」『岩波講座　日本の思想　第一巻「日本」と日本思想』）

しかし、この「創られた伝統」という懐疑は、近年に限ったことではない。たとえば、村岡が死去した昭和二十一年四月に「堕落論」を発表し、まだ焦土の匂いが記憶から消えない人々に熱狂的に受け入れられた坂口安吾（一九〇六〜五五）は、次のように述べている。

天皇制だの武士道だの、耐乏の精神だの、五十銭を三十銭にねぎる美徳だの、かかる諸々のニセの着物をはぎとり、裸となり、ともかく人間となって出発し直す必要がある。さもなければ、我々は再び昔日の偽瞞の国へ逆戻りするばかりではないか。先ず裸となり、とらわれたるタブーをすて、己れの真実の声をもとめよ。

（坂口安吾「続堕落論」）

「天皇制」「武士道」「耐乏の精神」「美徳」といった日本的なものは「ニセの着物」にすぎないと、坂口は言う。これらは「泡沫の如き虚しい幻像」（「堕落論」）にすぎないにもかかわらず、取るに足らない私たちは、なにも着飾らないことに耐えられず、「ニセの着物」を取り出し着込んでしまう。「堕落論」には本質としての自我に耐えられず、「伝統」を創り出し、自己肯定する経過と愚かさが嘆かれている。そして坂口は、その嘆きから抜け出すためにも、徹底的に「裸」になる、つまり「堕落」すべきであると語りかけたのである。

しかし一方で、黒住真は、「創られた伝統」という前提のなかで、次のように問いかける。

とはいえ、足下の思想も文化も、その伝統も遺産も知らない人間は、何によって将来生きるのだろうか。

（黒住真「日本思想とはなにか」『岩波講座　日本の思想　第一巻「日本」と日本思想』）

津田左右吉の「虜」

村岡と並び、日本思想史学の創設者のひとりといわれる歴史学者、津田左右吉《つだそうきち》（一八七三〜一九六一）は、「堕落論」からさらに十二年前、次のように呟いている。

人々はこころ静かに何を日本精神とすべきかを深省し、如何にして正しき道に日本精神を導いてゆくべきかを熟慮すべきである。

（「日本精神について」『津田左右吉歴史論集』）

昭和九（一九三四）年に発表された「日本精神について」の一文である。

津田にとって「日本精神」とは、「正しき道」へと「導いてゆくべき」ものであった。それは、当時の「日本精神」が、津田にとって〝悪しき存在〟であったという前提がある。

昭和初期のこの時代、「日本精神」という言葉が盛んに喧伝されていたが、津田はこの「日本精神」を徹底的に否定する。津田はここで述べる。「神道、武士道、儒教、仏教、多趣多様の文学芸術」とは、それぞれ「過去の時代の或る事象」にすぎず、これらの思想のみを時代から切り離して、「日本精神」とすることは「正しい方法」ではない、と。

矛先は古典にも向けられる。「古典の時代と現代とは遥かに隔《へだ》っていて」、その間には長く、様々な時間の流れがある。それを無視して、「卒然として古典の思想と現代とを結びつける」ことには意味がないとする。

たしかに、当時世間で流行していた「日本精神」は、三種の神器を根拠としたものや、源頼朝や織田信長による武士道、『古事記』『日本書紀』に見られる清き心や大和心といった、安易に時代を飛び越えた、多種多様の思想や概念であった（本書・第五章5「時運としての『日本精神』」参照）。これらに対して、怒りすら感じさせる筆致にて、「日本精神という或る固定したものが、古今を通じて動かずに変らずに、存在するというのではない」と、津田は喝破するのである。

「日本精神」を捉えるために

津田は「日本精神」を正しく捉えるためには、「歴史の発展の全過程」にその根拠を求めるべきだとする。それは、「歴史」とは、「民族生活の全体もしくは全面において認識せらるべきもの」（「日本精神について」）だからである。

過去のある部分を切り取り、安易に「日本精神」として取り出してはならない。何が「歴史」であるかは、歴史家や思想史家の技術や感受性の全てをかけることによって、初めて獲得することができるものだからである。

津田は、常に歴史を紡ぐ「虞《おそれ》」（「日本精神について」）と闘っていた。

歴史のために、過去を切り取る恐怖感と、それを紡ぐ緊張感。

何を自国の「歴史」とするのか。

何を自国の「思想」とするのか。

それは常に今の自分が持ち得る全ての知識と感情をむき出しにして、闘い抜くことで得られるものである。

何とも壮大で、偉大で、そして傲慢な作業であろうか。このことを正確に認識している人間は、その前で立ち竦んでしまうことだろう。震えることだろう。涙することだろう。

しかし、この「虞」を自覚することで、私たちは深省し熟慮し、初めて「日本」に近づく。

津田は、こうした覚悟をもって、「日本精神」を追求した。岩波文庫版において八巻にもわたっている『文学に現われたる我が国民思想の研究』を、約五年にわたって執筆したのは、そのささやかな表れであろう。

本書の目的

こうした津田の「虞」に対して、同時代を生きた村岡典嗣は、どのようにして「日本思想」「日本思想史」に立ち向かっていったのか。

村岡の功績を後世に伝えるべく尽力している前田勉は、次のように述べる。

> 思うに、村岡の国体思想史は、「創られた伝統」を暴露することで事足りるとする安易な「国民国家」論にたいする警鐘の意を含んでいるだろう。
>
> （前田勉「解説——日本思想史学の生誕」『新編日本思想史研究　村岡典嗣論文選』）

「国民国家」論への警鐘をも鳴らす、村岡典嗣の「日本思想史」とは何なのか。生涯と思想を繙《ひもと》くことで、この問いの答えに辿り着くことが、本書の目的である。ゴールへの道しるべとして、没後の村岡評をひとつ紹介しておきたい。

「国民性」「国体」あるいは「日本精神」なるものの究明が、日本思想史の重要主題たることは、誰しも容易に想像するところであるが、これらの問題に対する教授〔村岡典嗣〕の研究態度は、まことに慎重厳重であり、その点戦前や戦時中世上に行われた、感情的な国粋主義の主張などとは、全くその類を異にするものであった。日本思想史という学問が、盲目的国粋主義と安易に妥協すべきものでないということは、教授の常に自戒され強調され、且つ実行されたところである。戦時中も一切の迎合的な発言を慎み、常に真理に忠実な学者として、批判的態度をもって貫ぬかれた。「国民性」といい、「国体」といい、「日本精神」というものに対して、最も学問的な認識を期することこそ、日本思想史学に携わるものの正しい任務と確信されていたからに外ならないと思われる。

（村岡典嗣著作集刊行会「序」『日本思想史研究　第五巻　国民性の研究』）

村岡典嗣——日本精神文化の真義を闡明せむ

目次

図版写真一覧

凡例

・旧漢字は原則として当用漢字に改め、適宜ルビを付した。
・引用中の〔　〕は、基本的に著者による注記を意味する。
・引用中の「……」は、基本的に省略を意味する。
・村岡典嗣の引用の出典表記において、基本的に著者名は省略する。
・村岡典嗣の歳は、満年齢で表記する。

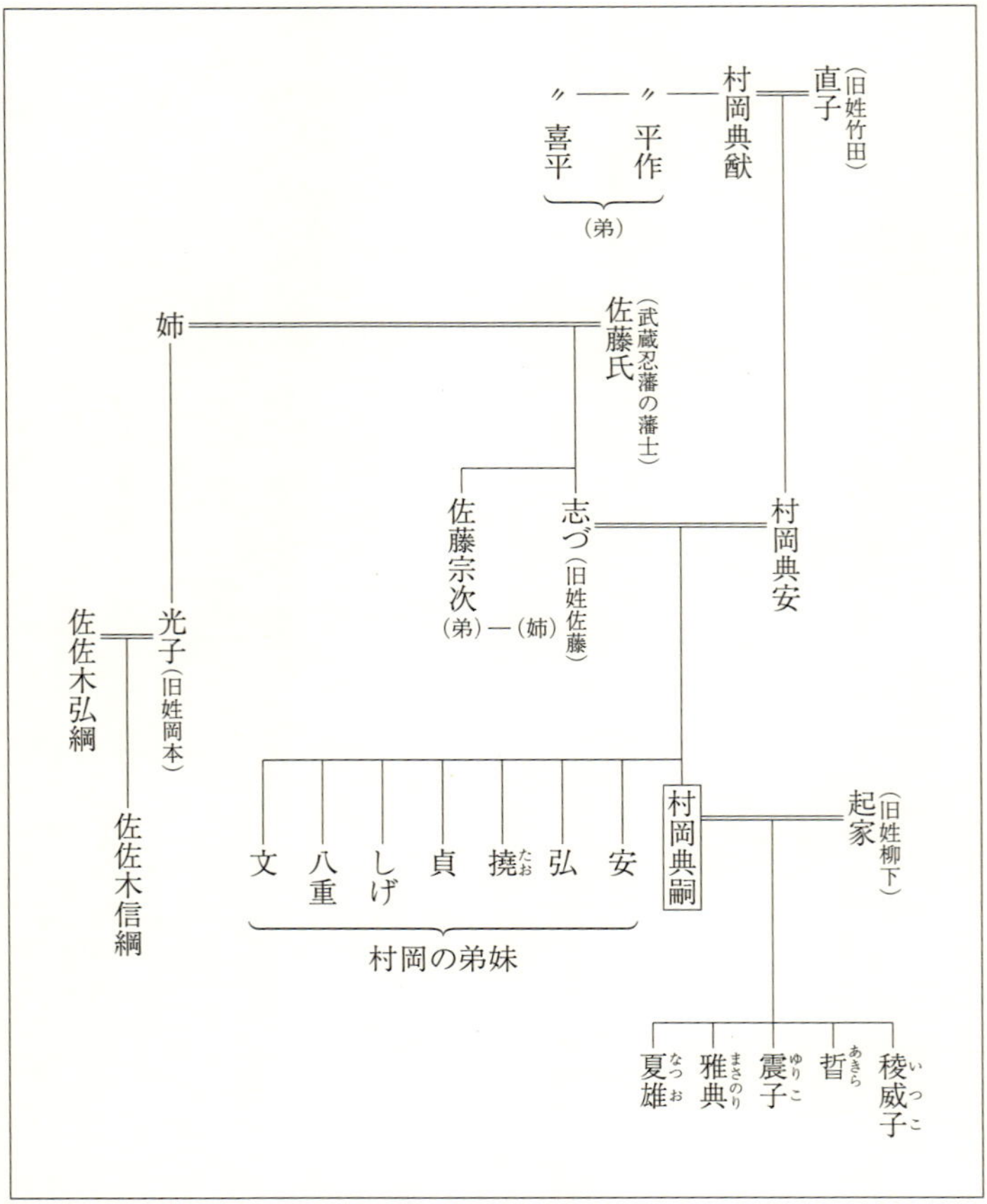
直子（旧姓竹田）
村岡典猷
〃平作
〃喜平
（弟）
佐藤氏（武蔵忍藩の藩士）
姉
佐藤宗次
志づ（旧姓佐藤）
（弟）―（姉）
村岡典安
光子（旧姓岡本）
佐佐木弘綱
佐佐木信綱
村岡典嗣
起家（旧姓柳下）
文
八重
しげ
貞
撓《たお》
弘
安
村岡の弟妹
夏雄《なつお》
雅典《まさのり》
震子《ゆりこ》
晳《あきら》
稜威子《いつこ》

略系図

第一章　精神的故郷

1　父と生い立ち

父、村岡典安

村岡典嗣の父・典安《つねやす》は、嘉永二（一八四九）年十月二十日、山家《やまが》藩（現・京都府綾部市）にて、典猷《つねのり》とナヲの長男として生まれる。

時は江戸時代後期、第十二代将軍、徳川家慶《いえよし》の世である。いわゆる「黒船来航」の四年前であり、すでに、アメリカ軍艦プレブル号が漂流民の受け取りのため長崎に、イギリス船マリナー号が江戸湾を測量するため浦賀に、それぞれ来航しており、年末には江戸幕府から、諸大名に向けて沿岸防備強化の命が出された年となる。

こうした確実に何かが迫ってくる雰囲気のなか、山家藩の槍術師範という家柄の長男として生まれた典安は、確かにその時代の渦に飲み込まれていく。

村岡典安
（金田耕平『日本牧牛家実伝』より）

以下、典安の生涯を、金田耕平『日本牧牛家実伝』（一八八六年）収載の「村岡典安実伝」に沿って紹介したい。槍術と「牧牛」が繋がらず、ふとページを繰る手が止まった方もそのまま読み進めてもらいたい。

槍術から兵制改革まで

典安の槍術師範家の長男としての素質は、幼い頃から人を驚かすほどであり、その後もおごることなく武術の修練に励み、槍術のみならず、弓術、馬術から砲術に至るまで、すべて熟練の域に達する。

初めてアメリカに使節団が派遣された万延元（一八六〇）年、十二歳の時に父・典猷が死去し、翌年一月には家督を継ぎ、藩の御玄関番を命じられる。御玄関番は規則として肩衣《かたぎぬ》を着用しなければならなかったが、身体が小さかった典安には大きすぎたようで、まわりの大人からは、てるてる坊主とからかわれたという。

三年後の元治元（一八六四）年、十六歳の時に勤番（藩邸勤め）に任ぜられ、江戸へ向かうことになる。江戸では、慣例に従い備中新見藩に仕える平田氏のもとで槍術を修め、併せて青山百人町に住む浜村氏から剣道を学んだ。また麻布新町に住む森岡藩に仕える守山氏のもとに通い、オランダ式の操練を習得する。山家藩においてオランダ式操練の嚆矢となった村岡は、江戸で三年を勤めた後、慶応三（一八六七）年八月に帰藩する。

時はまさに幕末であり、尊王攘夷が芽吹き、世間の風波が穏静《せいおん》ならざる時勢のもと、各藩は兵力を充実させていく。山家藩も兵制改革を進め、典安の指導のもと、オランダ式操練を取り入れていった。年が明けた正月、イギリス、アメリカ、フランス公使の参内《さんだい》を護衛するという藩命を受けて京都に上り、禁門の衛視となる。その後使番として各地を奔走し、「虎口の難」ともいえる危険をおかしたことは数度に及んだという。

その後、フランス式練兵法も学び、再び藩の兵制改革に尽力したが、明治四（一八七一）年七月、廃藩置県が断行される。幼い頃から武をもって身を立てることを考えていた典安は、これからは藩を越え、日本人全員を守るとするならば、地方にいてはならないと思い、陸軍士官学校への入学を志し、上京する。

「東京練乳会社」設立

東京では、浅草に住む叔父・村岡平作のもとで世話になる。平作は、神田川牛乳搾取所（神田川酒井左衛門邸敷地内）の取締役を務めており、典安は士官学校の入学試験まで、彼の仕事の手助けをして過ごしていた。

ところが、地元と東京の気候が異なっていたことが要因だったのか、子供の時分に木から落ちた時の古傷が痛み始める。医者に診てもらうと、「この傷は、深く骨にはいっていることから、たとえ痛みを取り除いても、数年後にはまた再発し、生涯にわたって完治することはない」と言われ、さらに「この傷を抱えていては、士官学校の試験には、到底受からないだろう」と診断されてしまう。

幼い頃からの志、つまり武をもって身を立てるのを翻すことは断腸の思いであった。しかし、最終的に士官学校への入学は断念し、叔父が群馬県伊勢崎市に牧場を持ち、典安の上京に先立って牧牛業を営んでいたことから、それに倣って事業を始める。

平作の弟喜平の牛舎（浅草区田原町二丁目）を譲り受け、牛の病死などを経験しながらも奮闘し、明治七（一八七四）年一月には、華族の大関氏の牛舎（下谷区美濃町）の管理を委託され、同年七月には浜松県に雇われ、アメリカ産の牝牛を用いて牛乳搾取所を開設するに至る。

そして典安は、次なるステップとして練乳（コンデンスミルク）に関心を持つ。まだ日本では、どの会社も製造には手をつけておらず、独学で、試作を重ねるがやはり上手くいかなかった。そんな時農務局試験場（下総国）において製法が発明されたと聞くや、試験場の掛官のもとへ教えを乞いに赴き、最終的には習得する。その後東京に帰ると、蠣殻町《かきがら》に製造所を設け、さらに二年余の研究を経て、確実な製造法にまで到達する。

明治十七（一八八四）年三月、同志九名と共に、浅草区小島町三十六番地に「東京練乳会社」を設立。この会社で作られた練乳は、農務局からも好評を得て、典安は、乳牛共進会における幹事を務めるまでに至るのである。

苦しい境遇

これが金田耕平「村岡典安実伝」による典安の半生である。典安は、町で兵士を見かけるたびに、羨望の念が胸に迫ってきたと吐露しつつも、最後は「益々此業（放牧・練乳製造）の拡張を図り其の熱心頗る盛なり」と結ばれている。

ただし、後に村岡典嗣の息子、村岡晢《あきら》は、次のように述べている。

明治十九年に金田耕平という人が著わした『日本牧牛家実伝』（丸屋善七発行）によると、その頃としてはなかなか進歩的な事業で、練乳（コンデンスミルク）の製造に手をつけたのもわが国では最初のようであるが、文字どおり武家の商法で、牛の疫病の流行や火事などの災難もあって、しまいにはうまくいかなかった。こんなわけで、長男であり弟妹も多かった少年時代の典嗣は、ずい分苦しい境遇にあったらしい。家業の牛乳の配達などはずっとつづけられた。後年、身体は格別頑丈という方ではなかったが、人一倍健脚であったのは、またこれに因るらしい。

（村岡晳「村岡典嗣」『史想・随想・回想』）

どうやら典安の事業は、失敗に終わったようである。そしてこの倒産は、息子・典嗣を長い間、金銭的に苦しめることになる。

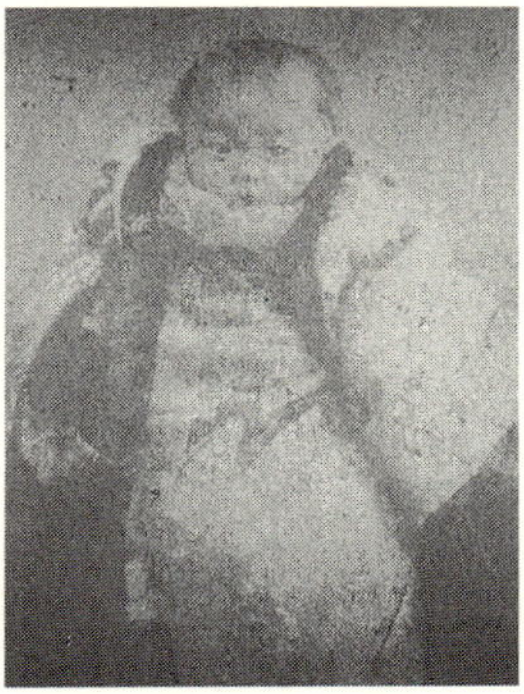

生後75日の村岡
（明治17年 9 月14日）（村岡なほ子氏蔵）

生誕と名前

典安が「東京練乳会社」を設立した明治十七（一八八四）年の九月十八日、長男として、村岡典嗣は東京の浅草（東京市浅草区森下町一番地）に生まれる。

前項で紹介した晳の回想録の冒頭は、典嗣の読み方から始まっている。

村岡典嗣、名は「つねつぐ」と訓む。よく「のりつぐ」とか「すけつぐ」とか訓まれ、普通は「てんし」もしくは「てんじ」で通っていた。何かの事典で「まれつぐ」というふりがなをみたことがあるが、これは、おそらく乃木希典の「まれすけ」と奇妙に混同されたものであろう。また、葬儀の際ある大学の総長は弔辞で終始「つねすけ」君と呼んでいた。

（村岡晢「村岡典嗣」『史想・随想・回想』）

弔辞での間違いは笑いごとではないが、阿部次郎（一八八三～一九五九）も、実際に会うまでは誤って覚えていたらしく、東北帝国大学で同僚となってはじめて本当の読み方を知り、「江戸ッ子のツネさんだね」とからかったという（村岡晢「村岡典嗣」）。

佐佐木弘綱・信綱

父の会社「東京練乳会社」の立ち上げとともに生まれた典嗣であるが、牛の疫病の流行や火事などの災難もあり、村岡家の財政は逼迫していたのだろう。典嗣は幼少期に、神田小川町に居を構えていた佐佐木家に寄宿している。

「佐佐木」とは、歌人・国文学者として名高い佐佐木弘綱《ひろつな》（一八二八～九一）のことであり、これは「武蔵忍《をし》の藩士佐藤氏」の娘であった典嗣の母・志づが親戚であったためである。弘綱の子、佐佐木信綱《のぶつな》（一八七二～一九六三）によると、「佐藤氏の夫人は、予〔信綱〕の母の姉であるので、君〔典嗣〕の叔父なる佐藤宗次君と予とは特に親しく、従つて予は、村岡君をその幼時から知つてをつた。君が一時、予の小川町の家に寄宿してをつたのは、さうした縁故のためである」（佐佐木信綱「序」村岡典嗣『日本思想史研究 第三』)。

弘綱は、文政十一(一八二八)年に伊勢国鈴鹿郡石薬師《いしやくし》村(現在の三重県鈴鹿市薬師町)に生まれた。幼名は、時綱《ときつな》。父を早くに亡くすが、母の厳しくも慈愛のこもったしつけのもと育つ。幼い時より学を好み、十四歳にして初めて和歌を学び、十六歳で名古屋にて伯父・康綱《やすつな》より書を習う。十七歳の冬より翌年夏までの間に千首の和歌を詠み、『十七歳千歌』という最初の歌集を作る。また同時期に『雅言俗解《がげんぞくかい》』という和歌の入門書も書いている。

二十歳の時、伊勢神宮の外宮の神官・足代弘訓《あじろひろのり》の寛居《ゆたい》塾に入り四年学び、最終的に塾頭になる。時綱の歌や学問の才を愛した足代は、自分の名前の一字を譲り、弘綱と改めさせた。

足代の没後、江戸に出て、歌人である井上文雄《いのうえふみお》の教えを受け、『竹取物語俚言解《りげんかい》』を江戸で出版する。二十九歳の時であった。さらに一年ほど江戸に滞在し、奈良・大坂・京都なども廻ってさらに研鑽を積んでいく。郷里の石薬師に帰り、「竹柏園塾《なぎぞのじゅく》」という歌や学問の指南所を開き、多くの門弟を擁することになる。ここでは、歌だけではなく、古今集や万葉集などの歌集、源氏物語や竹取物語、土佐日記などの古典について、また国語の文法から日本の歴史まで、多岐に渡っての講義が行われた。

その後、最愛の妻と娘、そして母との死別を乗り越え、再婚した妻との間に、長男・信綱が生まれる。明治五(一

佐々木弘綱
(北川英昭『佐々木弘綱の世界』より)

八七二）年六月三日のことであった。弘綱はすでに四十五歳になろうとしており、それがゆえに、自分が、どんなことがあってもこの子に歌の道を伝えねばならぬ使命を授かったのだと強く感じ、

言の葉の道つたへむとはかなくもわが命さへ祈らるゝかな

（佐佐木信綱『佐佐木信綱――作歌八十二年』）

（生まれてきた子に歌の道を伝えようと思うにしては、老いてしまった我が身についても少しでも長く生きられるように祈らずにはいられない）※現代語訳は引用者

と詠っている。実際に、すでに信綱が四歳の頃から万葉集や山家集にある歌の暗唱や、中国の古典である『孝経』の素読などの教育を始め、八歳の時には、堂々と百人一首や歌の歴史について講義し、聴衆の大人たちを驚かせたという。しかし満足することなく、明治十五（一八八二）年には、信綱の教育のために東京に移住している。ここで信綱は御歌所《おうたどころ》の長であった高崎正風《まさかぜ》に入門し、歌を学び、さらにここでは、歌作りとともに、歌人が守らなければならない心構えなども学んだ。そして、明治十七（一八八四）年九月、東京大学文学部古典科国書科へ、最年少の十二歳で入学する。なお村岡が生まれたのはこの年の九月である。

弘綱は、実家を「竹柏園」という塾にし、歌や国学を学ぶ勉強会や歌会を開き、多くの門人を集めた。また、友人の小中村清矩《こなかむらきよのり》の推薦で、東京大学古典講習科講師、東京高等師範学校御用係を務めた

が、明治十八（一八八五）年に病を患い、すべての公職を辞職する。そして残りの人生を著述にそそぎ、『日本歌学全書』正続《せいぞく》二十四冊や『千代田歌集』を刊行、そして最晩年に、師である足代の歌集『足代弘訓翁家集』（一八九一）を完成させる。なお、村岡が寄宿していたのはこの著述に専念していた頃である。

そして、明治二十四（一八九一）年六月二十五日、弘綱は、胃癌のため六十四歳で没する。

佐佐木家での暮らし

信綱は、子供の頃、石薬師村から三キロほど南の、庄野《しょうの》村にある地蔵院の専《せん》順《じゅん》和尚のもとでも学んでいる。ここで使われていた教科書が、江戸時代の国学者・本居宣長の長男・春庭《はるにわ》（一七六三〜一八二八）が著した『詞八衢《ことばのやちまた》』であった。宣長は伊勢国松坂（現在の三重県松阪市）で生まれ、終生をこの地で過ごした人物である。そして、足代弘訓は、春庭に学んでおり、宣長の学問を継承しているという立場にあった。

こうした繋がりから、地元で信綱の教育をしていた弘綱は、松坂にある鈴屋歌会《すずのやかかい》の立て直しを依頼される。この歌会は、宣長が開いたものであったが、宣長が亡くなった後、活動が行き詰まっていた。弘綱はこの依頼を引き受け、住まいを松坂へ移してまで、この仕事に取り組み、最終的に立て直しに成功している。信綱は、その当時のことを後に回想しており、次の文章は、信綱が八歳の時、鈴屋歌会が開かれた魚町（三重県松阪市）にある本居宣長旧宅を訪れた時の様子である。

〔明治十二年〕一月　二十日に鈴屋歌会に父〔弘綱〕に伴われて出て爾来《じらい》毎月出席することを許され

た。お家《うち》は、魚町の横町、長谷川家の筋向うであった。お玄関の左は六畳で患者の待合室、次は六畳と四畳、次は四畳半と三畳と並び、いずこかが御診察室であったのであろう。右は中庭で松の大木と井戸があった。つきあたりがお座敷、その縁側の向うが奥庭で桜の木があった。お座敷へすわる前に、入口の右に三四段の大きな引出しつきの段梯子があるのをあがると狭いお書斎、一方は庭に面している。床には「縣居大人《あがたい》〔賀茂真淵〕之霊位」という掛物と床柱に沢山の鈴がかかってい、窓に向ってお机がおいてある。このお机におよりになって、古事記伝を初め多くの著述をおかきになったのであるとのこと。床の間とお机にお辞儀をしておりて、お歌会の末席に列なった。座席の中央に文台が置いてある。いつも十二三人くらいのあつまりで、当座題は通題のこともあり探題のこともあった。それがすむと兼題の披講、終って、久世《くぜ》安庭翁――父は、このお方は文政八年、今から五十年も近い前に春庭先生のお弟子におなりになった方であると話してくれた。その久世翁のお話、父の歌がたりがある。ご当主の春郷先生は四日市においでの頃お茶をお教えになっていたとのこと、しとやかなかたであった。春の日の長い頃などには、会がすんで城山――蒲生氏郷《がもううじさと》の城を築いた処――にのぼりもし、本居先生のお歌にある四五百《よいお》の森にいったりもした。

(『佐佐木信綱――作歌八十二年』)

他にも、宣長のお墓詣りをした時のことも綴っている。なお評論家の小林秀雄(一九〇二~八三)が『本居宣長』(一九七七年)の冒頭で記すことで有名になったが、宣長には墓が二つある。樹敬寺《じゅきょうじ》にあるのが一族の墓で、山室山《やまむろやま》にある奥墓《おくつき》は宣長個人の墓である。
柏屋から少しさきの左が樹敬寺で、本居家のお墓があるので、春秋の彼岸にお参りした。山室山へは父母に伴われていった。山の上の本居先生の奥つきのもとにぬかずき、山の中腹にある妙楽寺《みょうらくじ》に立ちよると、参詣人の姓名や歌が多く書かれてある巻物があった。父は知合の人の名を指ざし《ママ》、自らも安政何年かに初めて詣でた折の歌をよんできかせてくれた。

（『佐佐木信綱――作歌八十二年』）

弘綱はこの妙楽寺に、一時佐佐木家の墓地を置こうと考えていたらしい。次の回想は、信綱の教育のために、東京に移住することを決めた時のものである。

翌朝いつもの時間より早く「信、信」といって起こされた。そばには相沢さんもおられた。「昨日福羽さんのところへいったに、信についてのご親切なお話であった。それは、お前が歌も詠むし本も少しは読んでいるのを此間いった時に福羽さんがおみとめになって、歌も松阪で親父《おとう》さんが教えるよりは、東京で、よい先生に教わる方がよい。殊に学問は東京でなければだめだ。明治の初めに東京へといったに君〔弘綱〕から断って来た。今度は子供の為だ。昨日偶然小中村君に逢った時、ふと話をしたに、小中村君もそれがよかろうといわれたと泪のこぼれる有難いお話であった。昨夜《ゆうべ》とくと考えて決心した。……信の教育のために東京に永住する。あの山室山の妙楽寺に墓地をもきめておいたのであったが——」

（『佐佐木信綱——作歌八十二年』）

佐佐木信綱
（国立国会図書館蔵）

弘綱の宣長への想いが分かるエピソードである。ほかにも宣長の曾孫である本居豊穎《とよかい》（一八三四〜一九一三）との交流もあり、豊穎から本居家歴代の肖像画を見せてもらったりしている。

村岡は、『本居宣長』という処女作を書き上げることで、研究者としての第一歩を踏み出している。つまり幼い頃、佐佐木家で薫陶を受けたことが、一生の方向性を決める大きな出来事であったと言っても過言ではないだろう。実際に中学で出会い、生涯の莫逆《ばくぎゃく》の友となった吹田《すいた》順助《じゅんすけ》（一八八三〜一九六三）も、次のように述べている。

君（村岡典嗣）は中学の初年級時代からの私の友人であり、真の意味の旧友であつた。君はその頃から頭脳明敏、操守する所が高かつた。已に少年時代から親戚に當る佐佐木信綱博士に師事し、歌文を能くし、日本古典の知識においても儕輩を挺んでてゐた。君の日本思想史研究において示された古典的造詣は、已にその頃に基礎づけられたといへよう。

（吹田順助「はしがき」村岡典嗣『日本思想史研究 第四』）

さらに信綱の記憶に依れば、佐佐木家には、この頃から、後に『御代のめぐみ』などの著作をなす歌人、館忠資《たちただすけ》などが、塾生のように寄宿していた。佐佐木家の人々だけではなく、村岡は彼ら塾生と寝食を共にし、佐佐木弘綱・信綱から薫陶を受け、国文学や和歌に親しんでいった。この背景が「少年時代から親戚に當る佐佐木信綱博士に師事し、歌文を能くし、日本古典の知識においても儕輩を挺んでていた」という吹田の回想に繋がっていくのだろう。

なおこの塾生たちとは連立って浅草へ遊びに出かけたりなどもしており、村岡は学問だけではない多くの学びを、この時期に得たと思われる。

2　開成尋常中学校での学び

後にドイツ文学者として名を馳せる吹田と村岡が出会った場所は、開成尋常中学校である。

中学校入学

現在でも中高一貫の名門として続く開成中学校・高等学校は、明治四（一八七一）年に創立された「共立学校」から始まり、明治十一（一八七八）年、後に大蔵大臣も務める高橋是清《これきよ》（一八五四〜一九三六）が初代校長として就任、そして村岡が入学した明治二十八（一八九五）年に校名が「開成」と改められた。

村岡らが学生であった当時は、神田淡路町のニコライ堂近くに立つ木造の三棟が校舎であったが、

開成尋常中学校の頃（前列中央が村岡）
（明治34年１月）（村岡なほ子氏蔵）

すでに開校から四半世紀近くが経っていたため、外装の茶色のペンキが禿げるなど老朽化は免れず、そのため一部の口の悪い生徒からは「豚小屋」と呼ばれていたという。

しかし、村岡入学時は、田辺元《たなべはじめ》（一八八五～一九六二。後の京都学派の哲学者）の厳父である田辺新之助が校長を務めており、他にも歴史学者の沼田頼輔《よりすけ》など、「教養あり、風格ある先生」が教鞭をとっていた。このために、生徒の高い学力はもちろんのこと「規律一点張の軍隊式教育とは正反対な一種の自由主義で、しかしそれが放縦主義に堕しな」いという独特の校風が保たれ、島崎藤村や長谷川如是《はせがわにょぜ》閑《かん》など多くの人材を輩出していった（吹田順助『旅人の夜の歌――自伝』）。

なお田辺元も村岡と同窓であり、他にも歌人の斎藤茂吉、小泉親彦《ちかひこ》（後の厚生大臣）、内田祥三《よしかず》（後の東京帝国大学総長）、辻潤《つじじゅん》（後のダダイスト）などとも一緒に席を並べて学んでいた。

竹柏会での出会い

村岡は、開成中学入学にともない、佐佐木家を離れ牛込区若宮町の家に単身下宿し、そこから学校に通っている。この引っ越しの事情についての詳細は分からないが、長男である村岡には、安、弘、撓《たお》、貞、しげ、八重、文の七人もの弟妹もおり、村岡家の財政難が、いよいよ深刻になったことが原因だと思われる。

もちろん佐佐木家との繋がりが途切れたわけではない。四年前に弘綱は亡くなっていたが、息子の信綱が父の号から名を継いで組織した短歌結社「竹柏会《ちくはくかい》」を結成し、その会合に、まだ中学生でありながら村岡は出席し、会同人の人々と交流を深めている。

なかでも、当時、帝国大学の学生であった小花清泉《おばなせいせん》にはかわいがってもらったようで、当時駿河台の下宿に住んでいた小花のもとに通い、英語を教わっている。また語学だけではなく、詩の批評を中心に様々な話をし、ラフカディオ・ハーン（小泉八雲）について、初めてその名を聞いたのは小花からであった。

後の村岡は小花を回想して「一閑張の机のほこりを紙で拭いて、書物をひろげてむかはれた面影が、今も浮んでくる」とし、つづけて次のように記している。

その後竹柏園の会合では、〔小花清泉と〕いつも御一緒になつた。殊に合評会の席では、常に適切な意見を述べて、おのづからその造詣を洩らされ我々を啓発された。或時、小花さんの解釈につき、甲か乙かといふ質問を――甲と答へられたら乙と、また乙と答へられたら甲ととれると言はうとの下心で、したところ、両方だといなされて、まゐつたこともあつた。

新体詩に和歌に、いつも清新な趣きのあるものを詠まれて、さすがにと感じたのであつた。数十年を経た今も記憶してゐるもの幾つかある。例へば、

吹田順助
（吹田順助『旅人の夜の歌――自伝』より）

いづこにいまは住むならむ
いかなる家に住むならむ
いかなる妻となりつらむ
いかなる母となりつらむ

の、頭脚に韻を踏んだ修辞といひ、また想といひ、当時としてたしかに進んだものと言へよう。……

小花さんがその心の清い泉の底にひそめられた珠にも比ふべき歌や文の作品の数々の世にいでむことこそ、望ましいきはみである。

（「小花清泉を憶ふ」『心の花〈復刻版〉』）

吹田順助との交わり

明治三十（一八九七）年、村岡は開成中学校四級（二年）に進学する。この年度から編入してきたのが吹田順助であり、通学路が同じだったこともあり、急速に親交を深めていく。

吹田は、村岡没後に記した「村岡典嗣君を憶ふ――覚え書き風に」（一九五七年）のなかで、当時の様子について様々に語っている。たとえば、村岡の容貌について、「細面の方で、まつげの濃い眼は神経質らしく光つていた。体も骨格はしつかりしていたが、痩せ形でいくらか前屈みであった」と表現している。

また性格については、「曲がったことを蛇蝎の如くきらひ（少しく神経質すぎるくらいに）ものの把握力も確実であり、推理力もすぐれてゐて、少し生意気と思はれる人の言説の虚を突くやうな点もあった」と述べている。たとえば、開成中学校の英語の先生の自宅を訪れた時などは、村岡は、先生に「涅槃といふのは、一体どういふもんでせうか」と質問したという。なお先生の答えは「さうさね、つまり吾々はものを食べて生きているが、ものを食べ、それが消化されてくそになつて出るものは出る、といふやうな事だろう」であった。

また、村岡は吹田といる時に、よく哲学上の問題を話題として持ち出し、吹田がそれに応えると、容赦なく論破することもあった。こうしたことについて吹田は、ずいぶんと腹が立ったこともあったようだが、それでも「やはり彼とはまた一緒にならずにはゐられなかった」と述べている。

二人の話題は、もっぱらお互いが興味をもっていた文学であり、時々学校帰りに神田神保町をまわり、そこで見かけた本、購入した本について話しながら帰路についた。村岡は、佐佐木家薫陶のたまものである古典の知識はもとより、新しい作品についてもよく知っていた。

森鷗外からゲーテまで

当時の村岡のお気に入りは森鷗外であり、とくに六年前の明治二十五（一八九二）年刊行の『水沫集《みなわしゅう》』は、巻末附録の「於母影《おもかげ》」に掲載されている訳詩を暗唱できるまで読み込んでいた。

「於母影」には、イギリスのバイロン、ドイツのシェッフェル、中国・明時代の高啓《こうけい》といった詩人から、平家物語の現代語訳まで多様な作品が載っているが、村岡が覚えるまで読み込んでいたであろう、シェークスピアの「オフエリヤの歌」を、ひとつ参考として載せておく。

オフエリヤの歌

いづれを君が恋人と
わきて知るべきすべやある
貝の冠とつく杖と
はける杖とぞしるしなる

かれは死にけり我ひめよ
渠《かれ》はよみぢへ立ちにけり
かしらの方の苔を見よ
あしの方には石たてり

柩をおほふきぬの色は
高ねの雪と見まがひぬ
涙やどせる花の環は
ぬれたるま丶に葬りぬ

（森鷗外『水沫集』）

鷗外の典雅な擬古文訳は村岡の好みであったらしく、当時鷗外が断続的に発表していたアンデルセンの『即興詩人』（明治二十五年から三十四年の約十年間に、単発的に雑誌『しがらみ草紙』に発表。単行本初版は、明治三十五年に春陽堂から刊行）からも多くのインスピレーションを得たことを後に語っている。

この頃校内の『校友会雑誌』（正式名称『東京府開成尋常中学校校友会雑誌』）に採用された村岡の「人生の帰趨を想ふ」について、吹田は、「文章には鷗外の影響が認められたが、やはり村岡一流のもので、本格的なものであった」（「村岡典嗣君を憶ふ」）と述べている。

また村岡は、樋口一葉も読んでいる。一葉は、村岡が開成中学校に入学した明治二十九（一八九六）年の十一月に若くしてこの世を去っているが、明治二十八（一八九五）年一月から『文学界』に連載し始めた「たけくらべ」を筆頭に、「ゆく雲」「にごりえ」「十三夜」「わかれ道」など、日本文学史に残る傑作を発表している。つまり村岡は、後に「奇跡」と称されるこの期間に発表された作品群を、ほぼリアルタイムで接していたことになる。

現代文学だけではなく、江戸文学にも親しみ、曲亭馬琴『南総里見八犬伝』や、井原西鶴の「好色五人女」「好色一人女」なども読み、とくに「一人女」の「萬木眠《ばんぼくねぶ》れる山となって桜の梢も雪の夕暮とはなりぬ。」で始まる最終段「皆思謂《おもはく》の五百羅漢《らかん》」の名文句の数々を、しきりに絶賛しては、友人に語って聞かせたという。

そして、日本文学だけではなく、西洋文学にも親しみ、丸善で購入したイギリスの詩集に赤鉛筆でアンダーラインをしながら読み込んだり、ゲーテの『ウェルテル』について、吹田に熱く語って聞かせたりしている。

なお息子の村岡晢は、典嗣が亡くなる半月ほど前、すでに体調を崩し静養していた父を見舞った際、ゲーテの『エッカーマンとの対話』が床上に開いてあったことが、「妙に忘れられない」（村岡晢「読書人としての父典嗣を憶う」『史想・随想・回想』）と、後に回想している。

村岡の文学熱は、読者としてだけに止まることなく、表現者としても早熟であった。

竹柏会『こゝろの華』

明治三十一（一八九八）年二月十一日、佐佐木信綱の「竹柏会」は、機関誌『こゝろの華』を創刊し、翌月の第二号に、当時開成中学二年であった村岡が投稿した短歌を掲載する（選者、信綱が掲げた題目は「野春風」）。

吹き渡る風長閑なり春の野は雉の声も近くきこえて

また五月十一日に刊行された第四号には、「岡親樹」という題目で投稿した短歌が、最優秀の「天」の評価を得て掲載される。

なく鳥のこゑもこもりて片をかの木々の梢は志げりあひにけり

なお信綱は、この歌について、「なく鳥の声もこもりてといへる、青葉の梢茂りあふらむ片岡のけしきうかびて、めでたし」と評している。

桂蔭会

二級（三年）に進級した村岡と吹田は「桂蔭会《けいいんかい》」という会を、八、九人の級友とともに作っている。「桂蔭会」という名前は、校庭の一隅に桂の樹があり、この木陰に皆で集まり議論したことが名前の由来である。

議題は哲学上の問題など多岐にわたり、他にも廻覧雑誌を創作したり、浅草にある智光院の小書院を借りて講演会を開催するなど、その活動は様々であった。こうした動きは、学級でも目立っていたらしく、友人からはいくらか冷やかし気味に、「竹林の七賢」（中国の晋の時代に、俗世間をさけて竹林に集まり、酒を飲み琴をひき、清談をした七人の隠者のこと）などと呼ばれていたという。

桂陰のもとでの〝清談〟には書評もあり、率先して本を紹介していたのは村岡であった。その内容は、森鷗外、樋口一葉、ゲーテはもちろんのこと、尾崎紅葉や幸田露伴の小説、大町桂月《おおまちけいげつ》、塩井雨江《しおいうこう》、武島羽衣《たけしまはごろも》の美文集、『帝文』『太陽』に発表された高山樗牛《たかやまちょぎゅう》や上田敏《うえだびん》の評論まで多くのジャンルにわたった。

なおこの年は、開成中学卒業生でもある島崎藤村（一八七二～一九四三）の処女詩集『若菜集』が刊行された年である。

この書の衝撃について、吹田は、「あの時代の詩壇にとっての正に new voice」（『旅人の夜の歌——自伝』）と表現している。いくつかの詩は暗誦するまで読み込んだという吹田は、「藤村心酔ではしかし村岡より私の方が上手であつたやうにおもふ」（「村岡典嗣君を憶ふ」）と述べている。「桂蔭会」の活動には、自分たちで歌を作り、その詩を相互に批評し合うこともあったことから、『若菜集』についても随分と話題に上がったことは想像に難くない。

こうした歌に対する情熱は、村岡も同様であり、『こゝろの華』への投稿は引き続き行っている。また「桂蔭会」のメンバーが休日に下宿に集まり、村岡が万葉集から選んだ百首をもとに、かるた大会を開催したこともあった。「まだ万葉ばやりのしない時代に、あれだけの歌をえらんだ年少村岡の眼識は、認められてもいいとおもふ」（「村岡典嗣君を憶ふ」）。

なお当時の学級には、この村岡らのグループの他にも、斎藤茂吉らの地方出身者のグループができていた。村岡らの早熟な文学少年の活動に、茂吉は加わらなかったが、確かな刺激は受け、ひそかに短歌を作っては、次兄富太郎に書き送るなどしていた。また、同級の山川一郎は「二年当時、村岡が八犬伝をよんできて友人にしきりに面白いと吹聴した。〔斎藤〕茂吉も早速八犬伝をよんで、その文体に似せて作文をかき佐藤先生から甲を貰った」（藤岡武雄『年譜　斎藤茂吉伝』）というエピソードを語っている。

なお、村岡が五年級（五年）の時、『校友会雑誌』（第二十二号）に掲載された「十六夜日記所感」は、以下のようなものである。

十六夜日記ハ文学史上の所謂鎌倉時代の中ほどに於いて顕れたる産物なり。方丈記その他戦記文とともに前後していでたる時代の産物なり。

それ鎌倉時代に生れいでたるものなり。その時代のいはゆる仏教思想のこの日記の至るところにあらはれたる注意すべき顕彰といふべし。例へば

　水のあわの浮世にわたるほとを見よ

　一の宮名さへなつかし

などのごとき思想のいづこにも見えたるがごとし……

　阿仏が歌はあたかも新古今以来の弊害の漸く盛なりし時の風におのつからしみて、徒に掛詞縁語等をもてあそびて、文章と比すれば甚だしく劣れりといへども、なほその真情の流出したるなれば味ふへきもの少なからず。

　いたづらに海士の鹽やく煙とも
　　誰かは見まし風に消えなば

のごときあはれなるものあまたあり。

　ことに最後に記したる長歌は、すでに古今以来、浮華繊弱にながれたる長歌の比にあらず。そのひゞきの悲しき、字句の憂愁をおびたる、我は長歌のすぐれたるものとしてとることはゞからず。たゞその五七の漸う七五に転し来りたるはきづなるべけれど

藤岡武雄は、「村岡の文学熱は桂蔭会のメンバーにとどまらず、当時の同級生間の話題の中心とな

り、周囲の友人を刺激し、彼等に多くの影響を及ぼした」（『年譜 斎藤茂吉伝』）と表現しているが、その早熟さや文学熱を、十分に感じ取ることができる内容である。

日清戦争への歌

村岡が中学校に入学した明治二十八（一八九五）年四月とは、前年の七月から始まった日清戦争が、ほぼ収束した時期であった（三月三十日休戦、四月十七日講和条約調印）。

村岡は、日清戦争に際し、「對月懐遠征」と題した歌を詠っている。

さやかなる今夜《こよひ》の月にむかひつゝ思ひいづらむふるさとの空　（佐佐木信綱撰『征清歌集』）

また同年代の吹田は、当時のことを次のように回想している。

明治二十七、八年戦役、すなわち日清戦争は、私の十歳ごろに当るので、記憶はいくらかはっきりしている。その都度の戦いの報道は、新聞や号外で伝えられ、いわゆる「連戦連勝」は大きな活字で紙面を飾り、名将勇卒の武勲は三枚続きの錦絵として、その頃あった絵双紙やの店頭に掲げられ、緒戦の火ぶたを切った松崎大尉とか、忠勇なる喇叭卒《らっぱそつ》とか、平壌の城門を押し開いた原田重《じゅう》吉《きち》とかの名前は、一代のヒーローとして讃嘆された。……

日本は戦さに強い国、日本人は忠勇無双の国民であるというような観念は、皇国思想と共に、その頃の少年のみならず、一般人の間にも植えつけられ、戦争そのものに対する批判とか戦争の悲惨な方面などは、むろん一般人には知らされず、ジャーナリズムの面にもいっこう表示されなかった。

（吹田順助『旅人の夜の歌——自伝』）

村岡はここから約五十年後の太平洋戦争が終結した翌年、昭和二十一（一九四六）年四月に、六十一歳で亡くなっている。

したがって、村岡の中学時代から始まる学究の五十年とは、日本における近代戦争の幕開けとともに始まり、日露戦争、第一次世界大戦、第二次世界大戦、太平洋戦争を経て、その終焉とともに終わりを迎えたとも言える。つねに戦争というものに併走しながら、「日本」「日本人」というものを考え続けた半世紀なのである。

第二章　早稲田大学入学と波多野精一

1　明治期の大学制度と早稲田大学創立

東京専門学校から早稲田大学へ

村岡は、明治三十四（一九〇一）年四月に東京専門学校高等予科に入り、一年半後の明治三十五（一九〇二）年九月十日、早稲田大学の第一期生となる。早稲田大学の前身である東京専門学校は、大隈重信《おおくましげのぶ》により、二十年前の明治十五（一八八二）年に創設されているが、「専門学校」から「大学」へと移行したのがちょうど村岡が入学した年となる。

開成中学時代の友人の多くは第一高等学校へ進学し、吹田順助も、当初は村岡とともに高等予科に進学しようと思いながら、最終的には親戚の反対から断念している。

なぜ村岡は、この進路を選んだのだろうか。

後に村岡本人は、「自由な学風に憧れて」という動機を語ったというが、息子の晢によると、「家計が苦しくて正常な学業をつづける見込みが立たなかったこと」が理由として挙げられている（村岡哲「村岡典嗣」）。なおこの状況は、早稲田大学在学中もずっと村岡を苦しめることになる。

もう一つの理由は、実は学力への不安であった。「桂蔭会」というグループを作り、『こころの華』で最高評価を得る短歌を投稿し、森鷗外調の評論文を校内誌に発表するなど、早熟な文学少年たちのリーダー的存在であった村岡だが、実は学校の成績は、平均よりやや下といったところであった。実

早稲田高等予科校舎（のち商学部校舎）
（明治36年7月）（早稲田大学大学史資料センター提供）

早稲田高等予科の頃か（左端が村岡）
（村岡なほ子氏蔵）

際、四年に進級した時の成績は、及第者一〇一名中、五十四番の席順である。文学や哲学など、自分の興味のある分野はとことん突き詰めるが、学校正規の課題には勤勉にのめり込むことはできない性格だったらしい。吹田も、「謂はゆる試験勉強というやうな事はやれなかったたちであったかも知れない」(「村岡典嗣君を憶ふ――覚え書き風に」)と評している。

こうした実家の金銭的事情、本人の学力的不安などが理由として、友人たちと比較してやや異端な進路を取ることになった。しかし、早稲田大学に入学したことにより、村岡の運命は大きく動くことになる。「大学」とは何か、「学問」とはどうあるべきか、ということを、一生をかけて究明すべき課題として村岡に突きつけたのが、この早稲田の地であったからである。

大学の始まり

当時の「大学」とは、どのような状況だったのか。

明治維新直後からの緊急の課題は、早急な近代化・産業化を図るため、その担い手となる専門的人材をいかに確保するかであった。欧米諸国から最先端の学術技芸を身につけた「お雇い外国人」を招聘《しょうへい》することで、差し迫っての諸事業には着手していたが、それだけに依存していたのでは、近代国家としての実質的な自立、独立は望みがたい。

そこで高度の教育機関を設置しようという動きが起こり、明治五(一八七二)年発布の「学制」にはすでに「大学」の記載がある。

それは、全国を八つの大学区に分け、さらに中学区・小学区に細分し、各学区にそれぞれ大学・中学・小学を設置するという壮大な計画であった。しかしこの時点では、小学校、中学校すら、その建設自体が始まっていない段階であり、ましてや大学に至っては、設立の目途もなく、あくまで構想にすぎないものであった。

そこで翌年に政府は「学制二編追加」という形で、大学に代わる教育機関として「専門学校」を提示する。

「学制」の制定に関わった当時の文部卿大木喬任《たかとう》は、「西洋ノ大学ハ、順序ヲ踏ムモノトス、専門ハ、順序ヲフマザルモノトス」とし、初等から中等を経て、大学という順を踏むことができない現状において、とりあえずの対処策として「専門学校」を打ち出したのである（倉沢剛『学制の研究』）。

追加された「学制」には、「専門学校」とは「外国教師ニテ教授スル高尚ナル学校」（第一九〇章）、「法学校医学校理学校諸芸学校砿山学校工業学校農業学校商業学校獣医学校等コレナリ」（第一九三章）と規定されており、実際に工部省の工部大学校、司法省法学校、開拓使の札幌農学校、内務省の駒場農学校など、近代国家に必要とされる専門官僚の育成を目的にした専門学校が、この後、それぞれ立ち上がっていくことになる。

そして明治維新から十年、「学制」から五年を経た明治十（一八七七）年、東京大学が日本最初の大学として誕生する。二年後には「学制」に代わり、「教育令」が公布され、「大学校ハ、法学理学医学文学等ノ専門諸科ヲ授クル所トス」（第五条）と明示された。

明治十四年の政変

大隈重信が東京専門学校を設立するに至る「明治十四年の政変」は、こうした教育状況下で起こった。明治十四（一八八一）年十月、十年後の国会開設、開拓使官有物払下げ中止の決定とともに、大隈とその一派が追放され、薩長藩閥政府の強化を図ったとされる政治的事件のことである。

慶応三（一八六七）年十二月九日の「王政復古の大号令」によって成立した維新政府は、当初、皇族・公卿・雄藩大名や有力な藩士によって組織された。しかし、「版籍奉還」から明治四（一八七一）年の「廃藩置県」へと続く一連の改革によって、薩長土肥の有能な藩士に占められていく。つまり、薩摩の大久保利通と西郷隆盛、長州の木戸孝允と伊藤博文《ひろぶみ》、土佐の板垣退助と後藤象二郎、肥前の江藤新平と副島種臣《そえじまたねおみ》、そして大隈らが主導権を握ったのである。

しかし、明治六（一八七三）年の征韓論による分裂によって、土佐・肥前出身の参議のほとんどが西郷と共に辞職し、翌年の板垣らによる民撰議院設立建白書の提出を端緒とした自由民権運動による国会開設請願運動の高揚によって、政府は憲法制定、国会開設への決断を余儀なくされつつあった。開明派である伊藤博文、井上馨《かおる》、大隈らは、共に議会や憲法をつくるところまでは一致するが、どのように進めていくかで対立が生まれる。あくまで漸進的に進めていこうとする伊藤を中心とする薩長系と、急進的な設立を訴える大隈という図式である。

そして明治十四年三月、大隈が単独で、左大臣・有栖川熾仁《たるひと》に「憲法意見書」を提出する。この内容は、ただちに憲法を制定し、翌年末から明治十六（一八八三）年初めにかけて国会を開くという性急なものであった。さらに北海道の開拓使官有物の有利な払下げ条件をめぐる開拓使長官・黒田清隆《きよたか》と開西貿易商会の五代友厚《ごだいともあつ》との薩摩閥同士の癒着が暴露される。国民的な非難が巻き起こるなかで、

小野梓
（国立国会図書館蔵）

大隈もまた反対派にまわったことで、政府部内での対立は確実なものとなり、最終的に大隈らが排斥されるに至るのである。

この「明治十四年の政変」によって野に下った大隈が、翌年の明治十五（一八八二）年、東京府南豊島郡戸塚村に設立したのが「東京専門学校」であった。

小野梓の「学問の独立」

当時の「教育令」には、「専門学校ハ、専門一科ノ学術ヲ授クル所トス」（第七条）とあり、時代が求めるプロフェッショナル養成機関として、一つの分野に集中して教育を施すのが「専門学校」であった。しかし、「東京専門学校」の創設時の校則第一条は、「本校ハ、政治経済学科法律学科、及ヒ物理学科ヲ以テ目的ト為シ、傍ラ英語学科ヲ設置ス」と書かれており、実際この学校は、政治経済学科や法律学科、物理学科を主体とする、「大学」に近い複合的な高等教育機関であった。

東京専門学校創設を主導し、校則の起草にも関わった小野《おの》梓《あずさ》（一八五二〜八六）は、明治初年に英米に留学して経済学や政治学を学び、帰国後、司法省、太政官の書記官、また会計検査院の検査官などに任用されていたが、「明治十四年の政変」で大隈に殉じて下野した人物である。

開校演説にて、小野は「学問の独立」について弁じている。「一国の独立」は「国民の独立」に基礎をおき、「国民の独立」は国民の「精神の独立」に根ざし、さらに「国民精神の独立」は「学問の独立」による。したがって、「国を独立」させるためには、「民を独立」させねばならず、そのためには「精神を独立」させねばならず、そのためには「学問を独立」させねばならないとした（『小野梓全集』第五巻）。

小野は、大隈がかつて、次のように自分に語ったと述べている。

我が国で学問の独立しないことは久しい。いまだに学問が独立しないのは、学者に「名誉と利益」を与えていないからだ。したがって、政府は森林を選んで皇室の財産とし、皇室はその収益から天下の学者に与え、終生、学問の蘊奥を追究する便宜を得させ、それによって学問を独立させるべきだ。

（『小野梓全集』第五巻）

東京専門学校を創設するにあたって小野が協力を求めたのは、高田早苗《たかたさなえ》、天野為之《あまのためゆき》らであり、彼らは小野を中心とする政治結社、鷗渡会《おうとかい》のメンバーであった。こうした人物らが中心となり、工学でも農業でもなく、政治経済を学科の中心とし、将来的には「大学」になることをを標榜していたのが「東京専門学校」であった。

五年前にあった西南戦争は、西郷隆盛が鹿児島で創った私学校の学生が中心となって起こした反乱であった。したがって、政変によって政府を追われた大隈がつくった東京専門学校は、政府から、「反謀《はんぼう》学校」（『早稲田大学百年史』）と見なされたのも当然と言える。それゆえに開校式では、学問を政治から切り離す「学問の独立」が明確に謳われたのである。

こうして発足した東京専門学校は、二十年の時を経て、小野の宣言どおり「大学」となり、村岡が入学するのである。

高田早苗
（国立国会図書館蔵）

早稲田大学創設

「早稲田大学」の創設は、学監として事実上の学長職についていた高田早苗（一八六〇〜一九三八）を中心に実現したものであった。後に高田は、当時の様子について、次のように回顧している。

〔東京専門〕学校は段々発達して二十年を経過した。……恰度《ちょうど》明治三十一年頃、其頃私は半ば政治に関係して居た。第一期以来衆議院議員となつて多少尽してゐたが、日清戦争以来、世の中の形勢も段々変つて、政治の方は左程力を尽す可き必要がなくなつたのであるし、飜《ひるがえ》つて我学校を見ると、何時迄も同じやうな有様で、生徒の数が多少殖えるばかりで余り向上し発達しない。どうも日本に於て私立大学のないといふことは文明的恥辱である、此学校を一つ私立大学にして見たいと自から揣《はか》らざる考を私が起した。そこで大隈侯にも申し上げ、同僚にも謀り、自らすすめて、校長は鳩山先生であつたから、学監と云ふものになつて、東京専門学校を大学にする仕事を自ら引受けて、先づ明治三十五年、東京専門学校を改めて早稲田大学と称することを天下に宣言し、東京専門学校創立二十年・早稲田大学開校の祝典を挙げ、爾来五年間諸方を奔走して、金がなければ出来ないから金を貰ひ集めた。恰度三十万円ばかり大方の篤志者が金を寄附せられた。茲に於て始めて此私立大学、自から名乗つて私立大学と称するものが出来上つた訳である。（『高田早苗博士大講演集』）

「私立大学」が存在しないことは、日本の「文明的恥辱」であり、これが「私立大学」としての「早稲田大学」創設の大きな動機であった。

明治十（一八七七）年に設立された東京大学は、明治十九（一八八六）年、勅令「帝国大学令」に基づき、「帝国大学」となっていた。

「帝国大学令」（全十四条）は、「帝国大学ハ国家ノ須要ニ応スル学術技芸ヲ教授シ及其蘊奥ヲ攷究スルヲ以テ目的トス」という第一条から始まっている。これまで「学制」でも「教育令」でも、明確に制度と組織の形が定まっていなかった「大学」が、「国家」の必要に応える存在として、初めて具体的な姿を現したのである。

この帝国大学の特徴を明確に表すものの一つに、高級官僚への任用上の特権がある。

そもそも東京大学は、官僚養成機関として立ち上げられたものであったが、当初期待していたほどの成果を上げられずにいた。具体的には、東京大学法学部と文学部の明治十六（一八八三）年までの卒業者七十三人のうち、官僚になったものは六人の司法官を含めて二十三人、三分の一弱に過ぎなかった。そして何よりも、国の官僚になることを拒否し、「反謀学校」とされた大隈の東京専門学校の教員になった者が、この少ない卒業生のなかに七人もいるのである。

こうした状況に危機感を抱いた伊藤博文と森有礼《もりありのり》は、帝国大学発足の一年後、明治二十（一八八七）年の勅令（「文官試験試補及見習規則」）によって、帝国大学の卒業生のみ、無試験で「試補《しほ》」になる特権を認めた。「試補」とは、正式に官僚に任官されるまでの見習いという身分であるが、本来、試験に合格することによって初めてなれる立場である。政府が、いかに「国家」のための大学として「帝国大学」を位置づけていたかが分かる権利である。

こうした「国家ノ須要」に応える大学しか存在しないことを、「文明的恥辱」と高田は表現したのである。それは国や政治に左右されない「学問の独立」が必要であるという強い信念であった。

私立大学という存在

天野郁夫『大学の誕生』によると、日本で「私立大学」という名称は、早稲田大学以前になかったわけではなく、明治十年代にアメリカのカレッジをモデルにした、ミッション系私学の一部が一時期、「大学」「大学校」などを校名に謳ったことがある。また、この東京専門学校や同志社のように「大学」設立への志向を表明する専門学校も存在していた。明治二十年代の初めには、哲学館・国学院などが、「西洋大学」に対峙する「日本大学」の設立構想を打ち出している。

法学系でも明治二十二（一八八九）年、英吉利法律学校が東京法学院と改称した際、関係の深い東京医学院・東京文学院とともに「東京学院聯合」を立ち上げ、将来は「聯合東京大学ヲ組成スルノ希望」を抱いて、「私立大学組織ノ方法ヲ講究シ、之ニ必要ナル諸般ノ準備ヲ為」そうとしたことがある（『中央大学百年史』通史編上巻）。

しかしこれらはいずれも構想の域を出るものではなく、具体化し実現するのに必要な条件は、ほとんど整っていなかった。

唯一実現されたのは、慶應義塾が、第一回帝国議会が開かれた明治二十三（一八九〇）年に開設した「大学部」である。したがって、実質的な日本の私立大学一号は、慶應義塾となる。しかし、在学生数が一〇〇人を超えることはなく、しかも塾の全名を「大学」とは改称しなかったこともあり、慶應義塾の学生ですら、「大学部」の存在に気がつかなかった人もいたという。

　高田が本格的に大学設立に動き出したのは、明治三十二年、西暦では一八九九年である。つまり、これから新たな世紀が到来するという年であった。

新世紀への興奮

これまで世紀の考え方に馴れなかった日本でも、この大きな機会に欧米で巻き起こった文化刷新気運に乗じて、さまざまな新規事業が行われ、とくに教育界では新たに開かれた学校は多い。東京専門学校の早稲田大学への脱皮には、こうした世界的風潮をチャンスとして捉えたという背景もあった。

そしてこの興奮は、学校関係者だけではなく、大学周辺に住む人々からもうかがい知ることができる。著名な神社仏閣の前に門前町ができるように、有名校の周囲にも学校町とも言える町が形成される。実際に、鶴巻・戸塚・馬場下・喜久井町から弁天・矢来・天神・山吹町などは、東京専門学校ができたことで、人が集まり、造られていった町である。これらの住民は学校と悲喜を共にし、とくに創設者の大隈重信とは、父子に似た関係さえ感じていたという。山吹町より鶴巻町を経て戸塚村に達する早稲田新道一キロ弱の開通式を開校式と同時に行い、大隈はこれに招待されて「今回の新道は大学道といひても然るべく」と挨拶している（『報知新聞』明治三十五年十月二十日号）。したがって、東京専門学校が大学に昇格することは、付近の人々にとっても大きな出来事であり、喜びだったのである（『早稲田大学百年史』）。

大隈重信
（国立国会図書館蔵）

実際に、それぞれの家はこぞって国旗を掲げて祝意を表し、矢来・鶴巻両町は大国旗を交叉し、馬場下・喜久井町は緑門を設け、特に神楽坂下には紅白の縁を取った大行燈に「早稲田大学開校式」と大書したものを街頭に掲げ、それらはさながら祭礼を思わせるものであった。

開校式

開校式では、まず校長・鳩山和夫が、エール大学名誉法学博士の礼服・礼帽を身につけて壇上に登り、大隈重信および夫人による功績を讃え、高田早苗・天野為之らの功労に敬意を表し、最後に我が校のますますの発達を願って降壇する。続けて高田学監が登壇し、早稲田大学で育つべき人間像について、次のように述べる。

二十世紀の陣頭に立ちまする人物は、実用的人物であらねばならぬ、英雄豪傑は実用的英雄豪傑でなければならぬと、斯様に私共は信じて居る者である。左れば此学校よりして将来出づべき所の人々は、成るべく第一流の人物となつて、而して国家の需要を充すやうにありたいと考へます。即ち遠大の思想を抱く人の数多出でん事を希望します。彼の疎大なる考を持つ所の者、実用に遠い人間の出る事は、我々の決して好まざる所である。
（『早稲田大学開校東京専門学校創立廿年紀念録』）

高田は、「遠大の思想」を抱きながらも「国家の需要を充す」「実用的人間」こそが、二十世紀の陣頭に立ち、世を引っ張っていく人物としたのである。

最後に大隈が登壇し、東京専門学校創設から二十年の歴史の重みとともに、「学問の独立」について、次のような話をした。

之は二十年前に突然考へたと云ふ次第ではない。従来吾輩は一の素論を持つて居つたのである。即ち国民の意志が、常に政府の意見と同一になると云ふ事はないのである。或場合に於ては政府の意見と国民の意志と背馳する事もある。若し此教育と云ふものが、一の勢力の下に支配されて居れば、或は国家の目的を誤つ事がありはしないか、之は一の杞憂である。併乍《しかしなが》らあらゆる勢力から離れて学問が独立すると云ふ事は、或は国家に貢献する上に於て大なる利益ではあるまいか。
（『早稲田大学百年史』）

「国民の意志」と「政府の意見」が常に一致することはなく、時には背馳する。そんな時に、ひとつの勢力に教育が支配されていれば、それは「国家の目的」を見誤ることになってしまう。したがって、「あらゆる勢力から離れて学問が独立」していることこそが、真の意味での国家に貢献する「学問」のあるべき姿とし、その立場に早稲田大学はなるのだという確固たる見解を、大隈は示した。「明治十四年の政変」において下野し、「反謀学校」とみなされた東京専門学校を設立した際の思いは、二十年後、まさに新たな世紀の幕開けとともに、「学問の独立」として昇華した。

町を挙げての歓迎のなか開校式に出席し、大隈、高田らのこうした言葉を聞いた村岡には、どのような思いが去来しただろうか。

戦時中において、感情的な国粋主義の主張には流されず、日本思想史という学問の矜持を胸に、一切の迎合的な発言を慎み、常に真理に忠実な学者として批判的態度を貫いた村岡の原点は、ここにあるのかもしれない。

2　波多野精一とキリスト教

壮大な学問への思いとは別に、村岡の大学生活は、下宿を転々とするところから始まる。

変わらぬ交友

実家の生計が原因であるようだが、これを手助けしてくれたのは、やはり中学時代の友人たちであった。最初は、吹田順助の親戚の貸家一室を借り、その後は村岡と同じ開成中学校出身で、同じ早稲田に進んだ高尾忠堅《ただかた》の実家（牛込南町）の一室に住むようになる。ここでは、高尾の家庭教師を務めることで、いくばくかの賃貸料の足しにしていたようである。

開成中学校出身者、とくに「桂蔭会」のメンバーは、学校は別にあっても、引き続き親交を深め、時々本郷などに集まり、牛肉を食べ、酒を飲み交わしたりしたという。

坪内逍遥

村岡は、熱心に大学の講義に出席し、多くの知見を得て思索を深めていく。お気に入りのひとつに、坪内逍遥《つぼうちしょうよう》（一八五九～一九三五）のシェークスピアの講義があった。吹田は、村岡がこの講義の素晴らしさを滔々《とうとう》と語るので、一度連れられるかたちで傍聴したことを回想している。

日本で初めて近代小説のあり方を提示した『小説神髄』の著者として周知である逍遥は、東京専門学校時代から同校の講師を務めていた。早稲田大学開校式における大隈の挨拶のなかで、大学実現の功労者として、小野梓・高田早苗・天野為之と並べて、逍遥も名を挙げられているほど、早稲田にとって重要人物であった。

坪内逍遥
（国立国会図書館蔵）

始まりは、大学時代に最も親しく交わるに至った友人が、高田早苗だったことにある。逍遥は後年、高田について、「江戸っ子」であり「歌舞伎好き」であったことが自分の江戸趣味崇拝に合ったこと、そして「非常に親切な、なつかしい性格の人」だったことを語っている（大村弘毅『坪内逍遥』）。

大学を卒業した逍遥は、ただちに高田の推薦で、その前年に創立された東京専門学校の講師となる。

後の文学界に与えた影響を考えると、その学力や才能に惚れ込んだ高田が三顧の礼で迎えたかのような印象を受けるが、実情は異なる。「私〔逍遙〕のごときは明らかにどういう特色もない男であった。年齢よりもずっと晩手《おくて》の、意気地のない、どちらかというと、怠け者肌の、ぬらくらとした、のん気な極楽とんぼの学生であった」（大村弘毅『坪内逍遙』）というのは、本人の回想のため、多少なりとも謙遜が入っていると言えるが、客観的な目からも真実に近いようである。

〔逍遙は〕学生としては冴えず、小野梓邸に集まる鷗渡会の同志からは除かれている。英語力が劣り、ホートン教授の試験問題に課された王妃ガートルード（ハムレットの母）のcharacterの語義が人物の「性格」であるのを道徳上の「品性」と間違えて悪い点をつけられ、フェノロサの政治学は半分ぐらいしか聞きとれず、ために落第した。

（『早稲田大学百年史』）

しかし、学校で自ら行う講義は得意であり、「憲法学」は立板に水の流れるように、「西洋史」は軍記物のような名調子で話をし、無味乾燥なる「論理学」も有名な童話作家の本を教科書に使うなど工夫をし、決して学生を飽きさせることはなく、人気も頗《すこぶ》る高かったという。

こうして東京専門学校にて講師を務めながら明治十八（一八八五）年九月に発表したのが『小説神髄』（第一号）であり、これは翌十九年四月まで毎月続き、第九号で完結し、後に上下巻の書籍として刊行される。同時期に逍遙は、ここで展開した理論を具体的に示す作品として『当世書生気質《とうせいしょせいかたぎ》』も出版している。

文学科と大西祝

大日本帝国憲法が発布された翌年の明治二十三(一八九〇)年、逍遙は、学生有志を集めてシェークスピア研究会を始めている。『ハムレット』や『ロミオとジュリエット』をテキストに、夏の午後の暑い時ですら三時間以上も熱心に講じたという。

そしてこの年九月、東京専門学校に「文学科」が創設される。発案者は逍遙であった。その創設の動機として「時文の紛乱」(『早稲田大学開校東京専門学校創立廿年紀念録』)、つまり当時の文体の混乱が甚だしいことを挙げている。文体の整理を目標とする新たな学科に、どこまで学生を惹きつける要素があったのかは不明だが、少なくともシェークスピア研究会の学生の、予想以上の熱意が、学校当局者を動かし、決定に至ったことは確からしい。

文学科は、英文学を主体として、和・漢の両文学、加えて哲学、史学、政治、経済などが配置される。なお創設時は英文学講座を逍遙が担当し、シェークスピアの『マクベス』、ダウデンの『シェークスピア』、スコットの『湖上の美人』などについて講義をしている。

開講の日は、他の政治科・法律科の学生の間でも大評判であった。伝えられるところによると、この二十年代初頭の坪内逍遙は、今で言う一世のスターで、神楽坂を散歩すると、街の両側に並ぶ花柳街では各戸、二階の窓を開いて、歌妓《かぎ》達が「あれが小説家の春のや先生よ」と言って、のぞき

大西祝（明治32年５月）
（『大西祝全集』第一巻，より）

見たものだというから、学内の評判もこれに応じ、一体バジェットの『憲法論』などの講義者が、今度文学科を作るというが、どんなことを教えるのだろうという興味で、殊に政治科の学生が大挙して押しかけ、空いた腰掛けはみな塞がり、後の窓際まで犇々《ひしひし》と詰めて、立錐《りっすい》の余地もなかったと、誇張だろうが言い残されている。（『早稲田大学百年史』）

翌年の明治二十四（一八九一）年九月には、哲学関係をより充実させるべく、担当者として新進気鋭の哲学者、大西祝《はじめ》（一八六四～一九〇〇）を迎えた。『早稲田大学百年史』には次のように書かれている。

坪内だけだったら、新誕生早稲田の文学科は、軟文学的に、平俗に言えば、どこか劇作者気質的な色彩を帯びたであろう。思いもかけず、たとえ求めてもめったに見つからぬ最高の協力者が現れ、しゃんと脊骨《せぼね》を入れて、文学科の軟骨的な全姿勢を正してくれた。彼の名は大西祝、号は操山。明治の哲学界、仰いで高しの風格のあるのは、後にも先にも、操山一人である。（『早稲田大学百年史』）

大西は、就任当時、帝国大学の大学院生であったが、その秀才ぶりは際立っていた。大学の口頭試問の際に、試験官がミルトンの『失楽園』について質問すると、暗記していた原文を滔々と読み上げ合格する。その後毎年特待生として過ごし、学科始まって以来の最高点を得ると、卒業とともに大学院に推挙され、政府の給付を受けている。大学院の卒業論文として書かれたのが『良心起源論』であり、このまま大学に残り、教授の階梯を登っていくものと周りが思っていた頃、哲学科第一回の卒業生である井上哲次郎がドイツ留学から帰国する。井上は大西に、学内に残るためには、キリスト教の信仰を捨てなければならないと迫ったところ、これをあっさりと拒否し、大学を辞め、東京専門学校に来たのである。

大西は、逍遙ともども、学生たちに多大な影響を与えたようで、後に評論家・英文学者として活躍する長谷川天渓《はせがわてんけい》は、当時を振り返って次のように述べている。

私が文科に在学してゐた頃には、父母の位地に起たれた両先生があつた。私が父として敬つたのは故大西先生、母としてなつかしく思つたのは坪内先生である。（『早稲田文学』大正十五年五月）

これは他の学生も等しく抱いていた気持ちだったらしく、その人格と学識において、坪内は〝母〟、大西は〝父〟として、学生一同から仰がれていたのである。

そして明治二十六（一八九三）年七月、東京専門学校は、文学科の第一回卒業生を送り出す。卒業式で逍遙は、初めての卒業生に対して、「学問の独立」を中心とした東京専門学校の精神を述べて、満場の人々を感激させたという。その後、早稲田大学に移行した後も引き続き講義を持ち、そこに村岡が出席するに至る。

なお大西は、七年間在籍した後、ドイツ留学のため、東京専門学校を去る。しかし留学先で病気となり、帰国後の明治三十三（一九〇〇）年、郷里岡山で没する。享年三十六歳という、あまりにも早すぎる死であった。訃報を聞いて岡山に急行したのは、東京専門学校の学生たちであり、遺影を擁し帰って各方面の関係者を招き、丁寧な追悼会を開いたという。

なお明治三十三年とは村岡が開成中学の最終学年を過ごした年であるが、中学時代を通して村岡は、大西のこの『良心起源論』の熱心な読者であった。逍遙の講義を聴きながら、できるならば大西先生の講義も聴きたかったという思いがこみ上げていたのではないだろうか。

ただし、村岡が大西の影響を受けたのは、これだけに止まらない。帝国大学を辞める動機になるほどキリスト教に魅せられていた大西だが、彼が来たことは、後の早稲田大学が、同志社と連絡する端緒となったのである。

同志社は、アメリカ修学から帰った新島襄《にいじまじょう》が、アメリカン・ボード派遣の宣教師デービス（Jerome Dean Davis, 一八三八～一九一〇）と京都府顧問・山本覚馬《やまもとかくま》（一八二八～九二）の協力のもとに設立した同志社英学校にその起源をもつ。アメリカ合衆国マサチューセッツ州アーモスト・カレッジをモデルにした、キリスト教主義に基づく学校として、大正九（一九二〇）年、「大学令」によって大学となる。

したがって、同志社との繋がりは、早稲田に新たなキリスト教的教養を加える「同志社的学風の輸血」（『早稲田大学百年史』）と言われているが、その先駆者が大西だったのである。そしてその流れのなかに、村岡典嗣の生涯の師、波多野精一《はたのせいいち》がいる。

恩師との出会い

万葉集、十六夜日記、江戸時代の浮世草子から森鷗外、樋口一葉などの日本文学を読む一方で、シェークスピアやゲーテなど、海外文学、思想への興味も同時に持ち続けていた村岡であるが、大学では、西洋哲学を専攻する。

最初は、とくにドイツの哲学者ショーペンハウアー（Arthur Schopenhauer, 一七八八～一八六〇）に傾倒し、とくにイデヤの世界の叙述などを友人に、感動的に語ってきかせていた。

こうした傾向は、早稲田大学で生涯の師ともいえる人物に出会ったことから始まっている。それが波多野精一（一八七七～一九五〇）である。

村岡は、早稲田大学にて波多野に出会い、そして終生、篤く敬慕した。村岡にとっての波多野は、大学時代の一教員には止まらず、学問に挑む姿勢から方向性の指導、そして実際の生活についての支援まで、生涯にわたって支えられた人物となっていく。

波多野精一

村岡を知るに重要な波多野精一の半生を、石原謙「生涯と学業」（『宗教と哲学の根本にあるもの――波多野精一の博士の学業について』）に沿って見ていきたい。

波多野は、明治十（一八七七）年七月二十一日、長野県筑摩郡《つかまぐん》松本町に生まれた。幼少の頃父母に

波多野精一
（明治41年１月）
（『波多野精一全集』第二巻，より）

伴われて長野に出て、それから一家上京して麹町区飯田町に住むようになる。

高等師範学校付属中学校から第一高等学校を経て、明治二十九（一八九六）年、東京帝国大学に進み、哲学科に学んだ。時は、日清戦争が終わった翌年であり、台湾という新領土を得たことから、海外進出という視点において、政治、外交、経済、そのほか文化に至るまで活発な動きが見られるようになっていた。それは大学を中心とする学術研究においても例外ではなかった。

もともと日本における西洋哲学研究は、明治十年に東京大学に哲学科が設置されたことから始まっている。偶然にも波多野が生まれた年であり、井上哲次郎などが第一期であったが、この段階ではまだ講師陣や制度も不十分であり、哲学の研究をするには充分な環境とは決して言えない状況であった。

こうした意味から、帝国大学における哲学科において、ルドヴィヒ・ブッセ（Ludwig Busse）、さらにその後任としてラファエル・フォン・ケーベル（Raphael von Koeber, 一八四八～一九二三）が招聘された明治二十六（一八九三）年前後をもって、日本の西洋哲学研究は真に始まったと言えるかもしれない。

ブッセの教え子に、後に東京専門学校で、坪内逍遙とともに尽力した大西祝がおり、そしてケーベルに師事したのが、波多野である。波多野は、明治三十二（一八九九）年に帝国大学大学院に進学するが、そこでケーベルの指導を受けるのである。

なお、明治十九（一八八六）年三月一日の勅令「帝国大学令」第二条に、「大学院」も規定されており、「帝国大学ハ、大学院及分科大学ヲ以テ構成」し、「大学院ハ、学術技芸ノ蘊奥ヲ攻究」するものと記されている。

ケーベルの指導のもと、まさに熱心に「攻究」した波多野は、大学院生という立場で、『西洋哲学史要』を出版するに至る。これはドイツの哲学者、クーノー・フッシャー（Ernst Kuno Berthold Fischer, 一八二四～一九〇七）の十巻本の大著『近世哲学史』を咀嚼《そしゃく》して書き上げられたもので、日本で初の本格的哲学史として高い評価を得た。その後は学位論文「スピノザの研究」を完成させ、ドイツに留学する。

ドイツでは、西洋哲学の源流としてギリシア哲学にまで遡り、学ぶことが目的であった。ところが、ドイツの大学に入り、現地の学者と接し、またその文化と社会とに触れるに及んで、ヨーロッパにおける生活全ての根源が、キリスト教にあることを実感する。

新たな眼が開かれた波多野は、研究の方向を再考し、その後帰国した彼の学問は、キリスト教に向けられていくのである。

万葉とギリシアの類似

波多野は大学院生の身分で、すでに東京専門学校講師として西洋哲学史を担当しており、それは早稲田大学移行後も継続された。村岡が生徒として大学に入学してきたのは、この時期であり、『西洋哲学史要』を発表し、スピノザ研究に専念している頃である。

しかし、もともと幅広い興味をもっていた村岡であるが、なぜ大学では西洋哲学を専攻する波多野に師事したのだろうか。このことについては、波多野が後に友人に出した手紙で次のように語っている。

君〔村岡典嗣〕が早大に入学すると殆ど同時に私は同大学の講壇に立つことになり、従つて爾来四十余年の交りを続けて来たことになります。学生時代及び卒業後数年は、ギリシア思想とキリスト教との熱心な研究者でありましたが、故佐々木弘綱（信綱氏の先代）の親戚にあたり、少年時代は佐々木家に育つた関係より、少時より国学及び和歌に親しみあり、ギリシア思想を愛するに至つたのも、万葉時代の国民感情とギリシア人の感情との類似に打たれ引寄せられた結果であり、西洋文化の精髄を把握するには、更にキリスト教をも等閑視するを得ないことを悟つて、ドイツ宣教師につきその経営してゐる神学校に通学するやうになりました。この経歴に徴しても、いかに純真なphilosophia（愛智、真理の熱愛）にもえてゐたかゞわかります。

（香川鐵藏宛「書簡」昭和二十一年四月二十五日付『波多野精一全集』第六巻）

波多野は、村岡が、「万葉時代の国民感情」と「ギリシア人の感情」との類似に心打たれたゆえの選択だとする。

開成中学校時代に、万葉集から百首を選んで百人一首かるたを創作し、級友とともに興じるほどに万葉の歌を愛していた村岡は、その素朴な思いをギリシア思想に重ねたのである。和歌を入り口とした人間感情の根本を探る並々ならぬ深い関心が、ギリシア思想ならびにキリスト教へと向かわせた。そしてこれらの背景には、「純真な philosophia（愛智、真理の熱愛）」があったというのが波多野の見立てであった。

なお波多野の指導は、学校内に止まらず、自宅での勉強会も開いていた。そこには早稲田の学生有志が集まり、ヘーゲルの宗教哲学の輪読がなされており、もちろん村岡も参加していた。

友の病と藤村操

順調に、自身の知的好奇心の赴くまま大学での生活を謳歌しているようにみえた村岡であったが、二年に進級した明治三十六（一九〇三）年から、少し様子が変わってくる。

その兆候は、五月六日に刊行された『こゝろの華』（第六巻第五号）に掲載された「病める詩人に」と題された詩に現れている。

病める詩人に

君病みてすでに幾とせ
長き病いまだいえなく

たゞひとり旅寝の空に
あした夕べ聞馴れにけむ
松の風荒浪の音

悲しとも君は聞きけむ
さびしとも君は聞きけむ
然はあれど限しられぬ
天地の神のみこゝろ
病なく物おもひなき

諸人の知りえぬ極み
やめる身の君がこゝろに
けがれなく映りたりけむ
静かなる自然のすがた
さま〳〵の人の世の様

人しれぬ響にはあれど

世に遠きみ山のおくの
岩が根の真清水なして
君が胸の底ゆわきいでし
麗しく清き其うた
末遠きゆくての道に
苦しくも飢てかわきて
迷ひゆかむ幾その人が
たへ難くなやめる胸に
響くらむ其水のおと

たれか人こゝろある人
人の世になやみなくてあらむ
君をしてとはにやましめよ
君をしてとはに歌はしめよ
うるはしき清き其うた

（『こゝろの華』第六巻第五号）

「病める詩人」とは、東京専門学校の同窓で、竹柏会の同人でもあった松本信夫《のぶお》を指しているという。すでに闘病生活を送っていた松本は、四年後に亡くなっている。「人の世になやみなくてあらむ」と願う村岡は、友人に向かってだけではなく、自分自身にも歌いかけているように感じる。つまり、「病める詩人」とは、村岡をも指しているのではないか。なぜなら、この時期村岡は、実家の負債を深刻に思い悩む日々が続いていたからである。

さらに、全国的に報道される、ある事件がこの「病」を後押ししてしまう。藤村操《みさお》（一八八六〜一九〇三）の煩悶自殺である（明治三十六年五月二十二日）。

藤村は、一高一年在学中に、日光華厳《けごん》の滝上の楢《なら》の木に「万有の真相は唯一言にして悉す、曰く「不可解」、我この恨を懐いて煩悶終に死を決するに至る」という「巌頭之感《がんとうのかん》」を記して投身した。

この自殺は、人生問題に苦悩した哲学的な死として、立身出世や成功とは異なる価値感が存在することを示す、二十世紀初頭の転換期を思想的に象徴する事件として広く報道される。

それゆえに、同時代の若者に大きな衝撃を与え、「巌頭之感」は多くの学生が朗唱するところとなり、後追い自殺も続出してしまったのである。藤村の叔父が『万朝報《よろずちょうほう》』に悲痛な弔文を寄せたのにつづき、小説家の黒岩涙香《くろいわるいこう》も「少年哲学者を弔す」を載せ、「我国に哲学者無し、此の少年（藤村操）に於て初めて哲学者を見る」（明治三十六年五月二十七日）と評した。

また後に岩波書店を創設する岩波茂雄への思想的影響はよく知られており、若者だけでなく、井上哲次郎や坪内逍遙といった思想家や文学者も、この是非を論じることになる。

そして、煩悶自殺に端を発した世の中全体に対する懐疑・煩悶が、村岡にも届いてしまったのだろうか。吹田に「世界の実在性なんて分らないものだ」(「村岡典嗣君を憶ふ——覚え書き風に」)などと嘆き、神経衰弱による長期療養を余儀なくされるのである。

伊豆大島での療養

明治三十六(一九〇三)年九月一日に刊行された『こゝろの華』には、「大島物語」という村岡の手記が掲載されている。これは療養のために村岡が数ヶ月滞在した伊豆大島において書かれたものである。内容から、荒々しい自然のなかで生きる、現地の人々の信仰に深く興味を引かれていることが分かる。

ここで村岡が出会った一人に、スイスから来た宣教師の妻がいる。村岡滞在時は、夫は三宅島への布教のため留守であったが、その帰りを待っている「美しくやさしき」若妻にとって、この島だけが全ての世界であり、ただ「神と夫との愛をたより」に、この絶海の孤島に生きる様について、「哀れ」と嘆息している。

また日曜日ごとに島民が集まり、皆で歌う大島訛りの賛美歌は、まことにロマンティックなものであり、他の教会で見られるような形式的なものはなく、心の底から湧き出ているかのような祈りの声に、強く心を動かされている。

盆の時期に、線香の香りが漂う墓地の近くの木陰で物思いにふけっていた村岡は、墓の前にうずくまりすすり泣く少女の声を聞く。とくに新しい墓には、生き残った妻や妹、娘などが訪れては、その前で泣くという昔ながらの風習がここには残っていた。

ある日の夕暮れ、波浮湾に船を出す。昔の噴火口のあとにできたこの湾内は、静かな湖のようであり、高くそびえ立つ岩のそばに止め、対岸の灯火を眺める。

此山の灰をふらし火を流してもえにもえけむ其かみをおもへば、感慨深きをおぼえ候。影をうつすその山、霊あらば果して何を思ふらむと思ひ候。

(「大島物語」)

机上で考えていた「純真な philosophia(愛智、真理の熱愛)」が、崇高な自然とそこに生きる人々の想いによって、実感として、村岡の身に染みていく。療養を終え、島を離れるにあたって、村岡は歌を詠む。

幾月をさびしき島の島ずまひ忘られがたくなりし人かな

(『村岡典嗣歌集』)

わかれゆく我をおくりて島人がうたふもかなしなきぶしの声

(『村岡典嗣歌集』)

大島の生活が、「純真な philosophia(愛智、真理の熱愛)」を再び滾《たぎ》らせたのだろうか。村岡は、明治三十九(一九〇六)年七月十五日に早稲田大学を卒業し、その後すぐにキリスト教神学校に入学する。

神学校への入学

日本においてのキリスト教は、江戸時代はもちろん、明治に入ってまでも弾圧が続いていた。これが神道国教化の衰退や、文明開化の風潮などによって、明治六(一八七三)年に切支丹禁制高札が撤去されることで解消される。幕末からすでに多くのキリスト教宣教師が日本を訪れていたが、この高札撤廃によって、その勢いは加速することになる。信教の自由自体は、明治二十二（一八八九）年の大日本帝国憲法発布まで待つことになるが、この流れに乗って多くの日本人信徒が生まれていく。

そして、明治十年代には、海外の宣教師に教えを受けた日本人が、教会の指導者として活躍するようになっていく。アメリカの宣教師、ブラウンらの塾で指導・感化を受けた塾生たちで構成された横浜バンドの植村正久《うえむらまさひさ》、アメリカで受洗した新島襄が創立した同志社英学校の人々が中心になった熊本バンドの小崎弘道《こざきひろみち》・海老名《えびな》弾正《だんじょう》、北海道の札幌農学校の創設者のクラークに指導を受けた人々による札幌バンドの内村鑑三などが有名である。

このようなキリスト教受容のなか、明治十八（一八八五）年に渡来したのが、「普及福音教会」の宣教師、ヴィルフリート・シュピンナー（Wilfrid Spinner, 一八五四〜一九一八）である。彼は教会ならびに神学校を設立し、この学校が、村岡が入る「独逸新教神学校」である。

普及福音協会

「普及福音教会」は、シュピンナーが来日する前年に、ワイマールにて設立されたものである。

なお岩波哲男と岡本不二夫によると、この「普及」の原語は allgemein であり、これは〝すべてのプロテスタントが参加する〟〝一般的な〟〝みんなの〟という「普遍」の意味であり、〝あまねく行きわたらせる〟という「普及」は誤訳であると指摘している（岩波哲男・岡本不二夫「解説」『明治キリスト教の一断面——宣教師シュピンナーの『滞在日記』』）。

この普及福音協会の新教神学校は、明治二十(一八八七)年四月に開校する。当初は、シュピンナーなどの自宅で授業がされていたが、明治二十四(一八九一)年には、小石川区上富坂町三九番地に校舎が新築される。

この学校で行われていた教育は、「一八八八年東京新教神学アカデミーのためのプログラム〔シュピンナー草稿〕」によれば、次のようなものである。

一、新教神学アカデミーはドイツの福音主義神学大学の手本にしたがって設立される。またここで学ぶ者たちに、キリスト教に基づく完全な哲学的、神学的教養を提供する。

二、授業はドイツ語ないし英語と日本語でなされる。

三、研究をドイツの大学、あるいは他の国の同じ水準の教育施設で終えまたあらゆる試験に合格した人たちが教授陣として働く。

四、正規の学生として受け入れられるのは、中学校を修了し、右の神学大学学部と一致する学科コースについて行くことのできるキリスト者である。そのためにまだ十分な能力を持たず、また必要な予備知識を得ようと欲する者たちのためには、可能なかぎり、特別な処置がとられる。

五、特にその卒業試験にパスした学生は、願いにより、当アカデミーを介し、その研究の完成を目的として、一-二年ドイツの一大学へ受け入れられる。

六、コースは八ゼメスター〔学期〕で、四年以上にわたる以下のカリキュラムにしたがう。

1
第一ゼメスター
ラテン語、ギリシア語、論理学、哲学史、ヘブライ語（選択科目）
第二ゼメスター
神学要綱、ラテン語、ギリシア語、哲学史、教会史、心理学

2
第一ゼメスター
ラテン語、旧約聖書、ギリシア語新約聖書、哲学史、教会史、心理学
第二ゼメスター
ラテン語、旧約聖書、教会史、特に護教論を顧慮した形而上学

3
第一ゼメスター
ギリシア語新約聖書、教会史、教理史、宗教史
第二ゼメスター
ギリシア語新約聖書、宗教史、組織神学

4
第一ゼメスター
イエスの生涯、組織神学、説教学、教理教授法
第二ゼメスター
組織神学、牧会神学、礼典学、教会管理学

七、各ゼメスターの終わりに試験が課せられ、成績が付けられる。合格しなかった者は当該ゼメス

ターを繰り返さなくてはならない。例外的に個々の学科の追試験が次のゼメスターの最初に認められる。

第四ゼメスターの最後に、哲学の試験が行われる。それは以下の学科を含む。

ラテン語、哲学史、心理学、形而上学、旧約聖書、教会史

第八ゼメスターの終わりの神学の主要試験は、哲学の試験で取り扱われないすべての学科を含む。この試験に合格した候補者は卒業証明書を受け取る。これによって彼は牧師職執行可能とされ、牧師の称号を持つことが許される。

八、アカデミー入学にさいしてここで学ぶ者は以下の学科の試験に合格しなければならない。

1漢文、2数学、3地理、4歴史、5自然科学、6ドイツ語、あるいは英語

願書は毎年九月一日までに提出されなければならない。例外的に二月初めにも受け入れられる。

高等中学校、あるいはドイツ協会学校、あるいは同じ水準の中学校を卒業した生徒は試験なしに受け入れられる。

第一ゼメスター・クラスより高次に受け入れられることを欲する者は、必要な予備知識について証明されなければならない。

九、学期は九月七日と二月一日に始まる。休暇は盛夏の時（七月七日－九月六日）以外は、キリスト教の休日祭日、日本の三祝日、新年の十四日、イースターの五日と決められている。

一〇、アカデミーの学生は七千巻を含む一般的学問図書を無料で利用しうる。
一一、授業は、後に普及福音教会のために活動することを約束するこの教会の会員に対しては無料である。その他のここで学ぶ者たちの授業料は月々三円、毎月十五日支払いのこと。
一二、ここで学ぶ者はすべて保証人を一人立てねばならない。
一三、非キリスト教的操行には警告、場合によっては一時的停学、最終的には除籍とされる。
一四、保証書を備えた入学許可の申請書類は常時照会する署名者の一人に交付されるものとする。

（H・E・ハーマー編『明治キリスト教の一断面——宣教師シュピンナーの『滞在日記』』）

ラテン語、ギリシア語といった古典語から始まり、一般教養として論理学、哲学史、心理学、そして神学要綱、聖書学、組織神学、説教学等の神学専門の科目が配置され、また一年ごとに試験が行われ、合格しなければ次のゼメスターには進めないなど、かなり本格的な神学教育のカリキュラムである。

『真理』　このカリキュラムは、普及のための宗教教育にしては、学問的な面に力を入れ過ぎているように感じられる。このことについては、明治二十二（一八八九）年から、同教会が刊行している『真理』創刊号に、次のように書かれている。

吾人は人に向て真理に達するの街道は吾人独り之れを有せりと大言せず、吾人が歩々歩を進むる

街道は、其四辺に復た無数の街道ありて、是れ亦真理の街道なり。（『真理』一、一八八九年一〇月）

「真理に達する街道」は、人によって異なり、人の数だけ無数にあることが宣言される。そしてこの真理の捉え方は、そのまま宗教の捉えかたに繋がっていく。

マックス、ミユルレル、バスチアメペツセル、ゲルランド、グロアーツ、プライデレル及びタイロル等の諸大家が常に言語学、人種学及び比較宗教学の区域に於て研究したる成果如何に注意し、全世界人類の宗教道徳上の生活に就き、観察するの識力を有し居たらんには、必ず以前の如き浅薄なる位置に立ち、吾が人民に非らざるもの、吾が宗派、吾が宗説に非らざるものは、皆悉く誤謬なり妄誕なりとし擯斥するが如き狂愚を為さざりしならん、凡て世の宗教たるもの、一として――縦ひ最下の拝物教の如きものと雖も――之を洞察せば、其中心の一粒は必ず真理に非らざるはなし、各種の宗教皆必ず少くとも人間を超脱したる神の関係を説き、宗教上の原理有りて存せざるはなし、故に自己の奉ずる宗教にあらざれば、之れを異教と呼び邪教と罵るが如きは誠に笑ふべき事と謂ふべく、如何なる宗教中にも必ずや多少真理の分子を認めざるはなし。（『真理』二）

「言語学、人種学及び比較宗教学」の見地に立つことで、地球上に存在するどんな宗教にも、必ず多少の「真理の分子」はあるとしている。このような相対主義的な宗教観が、「普及福音教会」の大きな特徴なのである（鈴木範久『明治宗教思潮の研究――宗教学事始』）。

もちろんこの文章を書いたのは、「マックス、ミユルレル、バスチアメペッセル、ゲルランド、グロアーツ、プライデレル及びタイロル」といった学者ではなく、宣教師である。

そのためあくまで最終的な目的は、キリスト教としての積極的な布教活動にあり、キリスト教こそが一番であるという信仰的主観性がなければならない。しかしまずは学問的客観性を確認し、ここから出発しているところは興味深い。なぜなら、村岡が学究生活を続けていくうえでの大きなテーマの一つが、この学問と信仰、主観と客観という図式の解消だったからである。村岡は、この神学校に聴講生として一年在籍したにすぎなかったが、大きな示唆を得たことは間違いないだろう。

なお村岡がこの神学校に入学したのは、設立から二十年、『真理』創刊から十七年を経た明治三十九（一九〇六）年九月であるが、植村正久『福音新報』（明治四十年八月八日）には、「独逸派新教神学校はケーベル、海老名、小崎諸氏の助力を得て、大いに規模を拡張し」とあり、このプログラムが示す方向性のもと、「普及福音教会」は日本において影響力を高めていったことが分かる。

なおここで言及されているケーベルは、波多野が早稲田の大学院で師事したラファエル・ケーベル博士であることから、この進学には、波多野の薦めがあったのだろう。波多野は、明治三十七（一九〇四）年からドイツ留学をしていたが、村岡が卒業する前の明治三十九年三月には帰国している。

波多野との共訳

この在学中に村岡は、波多野と共訳の形で、ルイ・オウギュスト・サバティエの『宗教哲学概論』（内田老鶴圃）の翻訳をし、明治四十（一九〇七）年六月に出版している。

波多野はこの訳書の「序」において、次のように述べている。

サバティエの宗教哲学概論は、宗教哲学の書としては少なからぬ欠点を有す。……然れども、宗教の何ものたるかを、平易に説き得たる、本書のごときは罕《まれ》なり。……余自身は、本書がわが国の人人に宗教又特に基督教を解する助けとなることあらむを、望むこと切なり。

是故に、村岡典嗣氏が本書翻訳の企画あるを聞くや、余は喜んで、氏にわが微力を貸しぬ。氏の翻訳は著実に原著の意を伝へむを力めたるものにて、世の杜撰なる翻訳物と類を異にす。かつ余自身も責任を分つものなり。然れども余のあたへたる助力は、甚だ小なる範囲に限られ、共訳と称するも、翻訳の労力は全く氏に属せり。若しこの翻訳が、幸にして世に認められ、又は世を益することあらば、その誉も亦氏にのみ属すべきものなり。

（波多野精一「序」『宗教哲学概論』）

ここでは、この本の評価がされるならば、その栄誉はすべて村岡のものであると謙遜している波多野であるが、一方の村岡側からは、翻訳過程が以下のように語られている。

毎週二回もしくは一回、訳稿を波多野先生に齎して、再び〔底本の英訳〕原書に或はまた更に仏原書につきてその妥当ならぬ箇所を改め、全編の文字、凡て先生に依りて厳密なる修正を加ふるをえたり。予が当時の事情は、この訳の為、日に平均四五時間以上を費すを得ず、比較的短日月のうちに為しをへしものの、我ながらあきたらぬふしぶしも多かれども、なほ、未熟なる予が筆とりしこの訳にして、甚しき見苦しき跡止るなきをえたるべきは、壱にこれを先生に負へり。先生が終始寄せられし同情と与へられし助力とは、予が感銘忘れざるところなり。

（村岡典嗣「凡例」『宗教哲学概論』）

なお吹田は、同い年の村岡が「もう堂々たる訳業を発表」したことについて、「うらやましくさへ感じた」（「村岡典嗣君を憶ふ――覚え書き風に」）と、後の回想で吐露している。吹田は当時、小石川の徳川邸の塾におり、村岡も小石川上富坂にある神学校前に引っ越しをしていたことで、この時期も始終往来していた。

3　結婚、そして就職

結婚　村岡は、独逸新教神学校を終えた後、明治四十一（一九〇八）年四月、ドイツ系の新聞社に入社し、社会人になる。そして柳下起家《やなぎしたきか》（一八八五～一九六八）と結婚し家庭をもつことになる。

この結婚については、少し時間を遡りたい。早稲田大学在学中、精神衰弱のために数カ月間伊豆大島で療養したが、その際に次のような歌を詠んでいる。

この島にわが身かくれてかへらずばせめては君も思ひいづらむ

（『村岡典嗣歌集』）

この「君」は、後の夫人の起家のことと思われる。つまり明治三十六（一九〇三）年、大学二年生の時点ですでに出会っていたことになる。

村岡は、前年の明治三十五（一九〇二）年、東京専門学校高等予科を七月に卒業し、九月に早稲田大学に入学するまでの間、愛鷹山《あしたかやま》（静岡県東部にある山）ふもとの宿に旅行をしている。「この閑寂は読書と黙想とに適し」、愛鷹山の背後に富士山も覗いている「此好景は散歩に適す」ということで（「富士の裾野より」『こゝろの華』第五巻第八号。「さすらへ人」名で発表）、御婆さんひとりで切り盛りしている宿に、約一カ月ほど滞在した。おそらくこの時に、最初の出会いがあったと思われる。

その後、神経衰弱に陥り、療養を必要とした時、村岡は大島のほかに、この静岡県沼津市にも滞在している。この「閑寂」と「好景」、ならびに起家が思い浮かび選んだのであろう。

吹田順助「岸の家」

沼津療養中に、吹田がお見舞いに訪れており、その時の様子を題材にした短編小説「岸の家」（『帝国文学』第十七巻第四、一九一一年）を発表している。小説では、八、九年前の夏の出来事として、村岡（「山岡」「友」）と吹田（「平井」「僕」）のやりとりが展開されているが、その内容は、ほぼ事実のままが綴られていると考えられる。起家との話だけではなく、るが、以下掲載する。

村岡の人となりやその時の様子、また中学時代からのことも語られている文章なので、長い引用とな

八九年前の夏の事である。僕はある用向きで大坂の方へ行つた帰りに、半年ばかり前から沼津の近くの牛臥《うしぶせ》に来てゐる友人を訪ねて見やうと思つた。沼津駅で下車したのは午後の二時頃であつた。始めて来た所なので牛臥へ行く道を人に尋ねた。狩野川に懸つている○△橋を渡つて、川に沿うて行くと田舎道になつた。薄曇りのいやに蒸す日だつたが、海岸の方から吹いて来る風は流石に涼しかつた。ゆくての松林や牛の背の様な山を見ては、友の家は何処だろう、友は何んな顔をして不意に来た僕を迎へるだろう、半年も会はないのだから、色々の話もあらうなどと考へた。あたりに人家の見えない所へ来ると、ちと困つた。畑中の一つ家といふ事丈しか知らなかつたので、百姓の女に尋ねたり、海岸に近い旅館へ行つて訊いてみても薩張分《さつぱり》からなかつた。停車場を出てもう二時間の余も歩るいた。

少し心細くなつて、海岸の松の根に腰を下ろして休んだ。海の果てはポーッとして、灰色の空と一つになつてゐた。二三艙の船が白帆に風を孕んで静浦の方へ走つた。穏かな波は寄せては返して岸の砂を洗つた。かういふ静かな里で、朝夕富士を眺めたり、磯馴松《そなれまつ》の音を聞いたりして、読書と瞑想とに耽つている友の身が羨しくもなつた。明日あたり帰らねばならぬ騒がしい忙《せは》しない都の生活が厭にもなつた。——友は僕とは中学時代からの親友である。性情には大分違つた所はあつたが

彼は尤も善く僕を理解して居た。一体に理智の勝つた方であつたが、又一方には感情の極めて細かなところもあつた。始終往つたり来たりして、人生問題や文芸上の議論を論じ合つた。友の考はその年頃の青年としては真面目でもあり、可なり深みもあつた。中学時代には僕等のある仲間があつて、級友からは竹林の七賢とか七変人とかいはれて居た。それが折々浅草の知光院という禅寺の一室に会して、議論を戦はしたり、歌を作つて評し合つたりして、みんな得意になつてゐた。その会で「希臘思想と印度思想」といふ題で要領を得た講演をしたのはこの友であつた。中学を出てから僕等の仲間はそれ〴〵の道に向つて散つた。友は哲学を研究すべくある大学の予科に這入つたが、予科を終了してから、家計上の都合やら身体の具合やらで、休学してこの地へやつて来た。そしてある知人の小さな別荘を借りて、人から頼まれた翻訳などをやつて居た……

暫く茫然と海を眺めてゐたが、暮れない内に探し当てねばと思つて、松林の中の墓地を抜けて畑道に出た。暫くすると生垣で囲まれた一軒の家があつた。吃度これだらうと思つて近寄ると果して山岡といふ小さな標札が懸つて居た。やつと安心して、枝折戸《しおりど》を押して庭に這入ると、東向きの薄暗い座敷の中に友の神経質らしい眼が光つた彼は机の側に横になっていた。

「やァ、山岡君……」

と僕は嬉し相《そう》に声を掛けたが、何をいふものかふと暗い感じに捕はれた。友は一寸《ちょっと》驚いたやうであつたが、もの思ひを妨げられたといふ風に懶《ものう》さうに立上つて、椽に出て来た。

「何だ、平井君……何うしたんだ、突然……幽霊ぢやないか……」

この戯談《ぎだん》のやうでもない「幽霊ぢやないか」は折角訪ねて来たといふ僕の鼻ッ柱を挫いた。何だか友は変つた様だとも思つた。僕は椽に腰を掛けて手拭で足を拂《はた》き乍《なが》ら、

「随分探したよ。中々分からん所だね。二時にステーションに着いたんだが今までかかった」

「さうだろう。それでも分かって善かった」

二人は座敷へ座つた。僕は麦藁帽子と小さな風呂敷包とを室の隅へ投げた。

「例の家の用を言付かつて、大坂まで官費旅行をやつた帰りさ。」

例の家とは僕の旧主の家を指したのである。僕は室を見廻し乍ら、

「中々洒落れた内だね。君一人かい。」

「いや婆さんを雇つてゐるんだが、今日は用があるとかで沼津の内へ泊りに行つた。」

八畳の間で、隣りにもその位の間がある。前に一寸した庭があつて、草花が咲いて居た。生垣を越えて臥牛山が手に取るやうに見える。

「君は大分痩せた様だ。色艶も悪い。」

巻煙草に火をつけながら僕はかう言った。一体痩せぎすの方であるが、暫く見ない内に頬もこけ、それに頭髪を長く延ばしてゐるせいか、非常に陰鬱に見えた。目付も険しくなつた。何うしても苦しい思ひを抱いている人と思はせた。

「病気の方は何うだい。」

「さァ格別の事もない。神経衰弱といふ奴は直りは遅いさうだ。――大坂は何うだね。」

「僕はあんな所は嫌ひだ。それに暑いの暑くないのッて、お話にならない。帰りに一寸奈良へ寄つて来た。」

「フム、そりや善かつた。奈良は僕ももう一度行つてみたい。春日神社…若草山…」

かう独言のやうに言い乍ら、友は茶を入れて出した。僕は五六日間の旅の話などをしたが、友は何だか落付かない様な、他の事を考へるといつた様な風で聴いてゐた。それでかう言った。

「君は今○△橋を渡つて来たらう。あの橋を渡つて川を沿うて右へ曲がる二三軒目に、二階建の家があるのに気が付かなかつたかい。」

「あァ…彼所《あすこ》を曲がつて…二階建の家…ウム〳〵あつたやうだ。それが何うしたんだい。」

「ナニ、何うしたッて事もないがね。そこの二階の窓は開いてたか、締まつてゐたか、気が付かなかつたかい。」

「さァ、何うだつたかね……」

僕は友が変な事を訊くなと思つたが、その時はさして気にも留めなかつた。友は額へ手をやつた儘、机に寄り掛つた。机の上には小さな花瓶に撫子の花がさしてあつた。その側に小さな花束があつた。それから、ショオペンハウエルの英訳とゴオルヅン・ツレジュリイといふ英詩集とが置いてあつた。僕は花束を取つて匂いを嗅ぎ乍ら、

「優美なものがあるぢやないか。無精者の君がこんな事をする様になつたかね。」

と言つたが、友は寂しい苦笑を洩らした丈けであつた。

「時に君も腹が減つたろう。先刻《さっき》魚を買つといたから、そいつでやろう。生憎老婆さんが居ないで困る。」

かう言ひながら友は立つて台所へ行った。僕も立つて手伝ひに行った。食事の支度をして座敷で食つた。海岸だから魚は新しかった。食事も済んだ僕はショオペンハウエル全集の一巻を開けてみた。ところ〳〵に鉛筆でアンダアラインがしてある。

「相変わらずショオペンハウエルを読んでるね。」

「あゝ、今又読み返してゐる。かういふ深い思想には引き付けられざるを得ない。それに文章が実に美しい。美術論のプラトオニック・アイディアのところなどは宛然《まるで》酔はされて了ふよ。」

こんな話になると彼は熱心になつた。然し又直に他の事を考へる様な暗い眼付をした。それで何うも話がピタリと行かなかつた。僕の言ふ事に時々鋭い冷かな評を加へて僕をイラ〳〵させた。彼には昔から批評的なところがあつたが、こんな風ではなかつたと思つた。

洋燈を点《つ》ける時分になつた。沼津の方へ散歩をしやうといふので二人で出掛けた。向うの松林には夕靄《ゆうもや》が懸つて居た。こゝらのもの静かな景色は夕暮に尤もふさはしいと思つた。畑道を並んで歩るいて行くと、友はこんな眠つている様な田舎に居ると人間がダルになつていけないが、読書するにはいいといふ事や、人間は内部生活を豊富にしなければならないといふ事や、自分はこれから自己の研究――レフレクションをやらうと思つてるといふ事や、人生に対する煩悶はエンドレスなものかもしれぬが、自分は何処迄も徹底的に考へたいといふ事などを話した。友は如何にもしんみりとした調子で物語つた。かうなると僕も友情の温みに溶け込むやうな気持になつた。彼のよく口にする「アイディアリストの悲哀」とか「しみ〴〵とした人生の悲み」といふ言葉も出た。彼のペシミスチックな人生観には、多少の自ら意識しない衒気《げんき》とセンチメンタルなところとはあつたが、僕はたゞ引入れられるやうに聴いた。彼は内の負債問題がうるさくて仕方がないといふ事も話した。

……

田舎道も尽きると、川向うの灯光《あかり》が見え出した。○△橋の近くへ来ると、友は立止つて、

「君、一寸先へ行つてあの二階の窓が開いてるか何うだか見て来て呉れ給へ。」

と言つた。僕は、又変な事を言ふなと思つたが少し急ぎ足に先へ行つた。友の指した家の二階を見たが、窓の障子は閉ざしてあつたので、跡戻りしてそれと告げた。彼は不安な様子でその家の前を通つた。格子戸ではあるが一寸した物持ちでも住みさうな家であつた。橋を渡つて町へ出た。寂しいといふのでもないが、何だか陰気町である。店の前へ涼み台を出して、白い浴衣の人が気軽さうに笑い興じて居た。とある料理屋からは絃歌の冴えない声が洩れた。酒やでビールを四五本買つて帰路に就いた。橋を渡ると、友は又何となく落付かない様であつた。

「一体何だい、あの家《うち》は。」

「えゝ」

「吉田通れば二階から招くッていふやうな訳ぢやないのか。ハ、、。」

「何言つてるんだい。」と友は素気なく言つたが、

「ナニ、見られると少し都合の悪るい事があるんでね。」

僕はより多くを追究しなかつた。真暗な畑道は歩るきにくかつた。内に帰つて香の物か何かでビールを飲出した。外はしーんとしてゐて、たゞ波の音が眠たさうに響くだけであつた。僕は友の酒杯に泡立つビールを注ぎ乍ら

「近頃歌は出来るかね」

と訊いた。友は幼い時からある有名な歌人の許に通つて居て、中々勝れた歌を詠んだ。五つ六つ聞かした。中には哲学的の歌もあつたが、二つ三つ恋の歌があつた。その中に五月雨のそぼふる日に、いつも来る君が見えないで何となく寂しい、といふやうな意味のがあつた。それが一番善いと僕は評したが、恋の歌などは作らなかった彼が妙だなと思つた。友の束ねたとも思はれない机上の花束、彼の沈んだやうな、又ジッとしてゐられないやうな様子、二階の窓、恋の歌……こう考へて来ると、突込んで訊いて見たくもあつたが、何だか口に出して言へなかつた。そんな事を打ち明けないのかと思ふと、物足りない様な気にもなった。友は少し紅くなつた顔を俯けて考へ込んで居たが急に

「近頃僕はRealityといふ事が疑はしくなつて来た。Reality…Reality…この机も実際存在して居るのであらうか。」

こう言つて、机をコツ〳〵と叩いた。そして、もの狂ほしいやうな、紛らすやうな高笑をした。街つてゐるとも思はれた。真面目とも思はれた。然し僕はただ笑ふより外はなかつた。余り酒を飲

まなかつた彼も大分いけるようになつた。僕もちと酔つて来た。二人で結句に人生読書子となる勿れといふのがある中野逍遙の詩を誦じた。友はいかにも感慨に堪へぬといふやうな声を出した。十一頃であらう、蚊帳を吊つて寝た。

翌朝友はもう一日位宣からうと言つて止めたが用を言付かつて来たといふので辞した。彼は停車場まで送つて呉れた。空はよく晴れてゐたので、清麗な富士の姿は、はつきりと見えた。例の家の前も通った。暫く会はれないかと思ふと、別離も惜しまれた。汽車の窓から成るべく早く東京へ帰り給へと友に言つた。

次の年の九月に山岡は東京へ帰つて来た。そして学校へ行くやうになつた。彼は牛臥で会つた時分から見ると、大分おだやかな人になつた。ある日一緒に田端の方へ散歩に行つた時に、彼は狩野川のほとりにゐる少女と自分との込入つた関係を委しく物語つた。彼はある機会によつてその少女と知るやうになつた。彼女は美しくもあり、才もあり、又中々しつかりした気性をもつてゐた。友は彼女に於いて自分の胸に描いてゐる女性を見出した。二人は相愛した。堅く末を契つた。然し彼女の身辺に蝟集《いしゅう》せる色々の事情は、暗い未来を想はせた。「手紙の遣り取りも思ふやうでない。僕の手紙を内の者が開封するッていふんだからね。今後も何うなる事か自分乍ら分からない。」と友はさも思ひ余つたやうに言つた。その時僕は「僕が沼津へ行つた時、君はあの家の窓を非常に気にしていたぢやないか。ありや何うしたんだい。」と訊いたら、「そんな事があつたッけかねぇ。」と言つて、友は思ひ出せないやうな風であつた。

「少女」をとりまく「込入つた関係」というのは、正確には分からない。ただし、彼女は、狩野川のほとりの家の養女で、養父はこの少女に対して何等の理解もなかったという。

その後起家は、帰京した村岡を追って養家を飛び出して上京し、村岡のもとにかけつけ、婚約、結婚に至る。この際には、遠縁であった佐佐木家や、波多野夫妻が陰になり日向になり手助けしたという。村岡は起家との間に、二女三男の子をもうけている。

なお吹田の小説中にある「五月雨のそぼふる日に、いつも来る君が見えないで何となく寂しい、というような意味の」歌とは、次の歌のことだと思われる。

たまたまに五月雨はれし今日の日を君き給はず又もくもりぬ

（『村岡典嗣歌集』）

「日独郵報社」への就職

こうして家庭を持った村岡は、同時期に就職もする。週刊新聞社「日独郵報社（Deutsche Japan-Post）」で働き始めるのである。

その後村岡はオストワルト博士主催の日独郵報社の社員として、独文和訳をやるようになつた。その頃は大森に住宅をかまへ、きか子さんも夫人として、一緒になった。もう大森にゐる頃から本居宣長に着眼し、いろいろ資料をあつめてゐたやうに記憶するが、これはあまりはつきりしない。

（吹田順助「村岡典嗣君を憶ふ――覚え書き風に」）

この会社は、横浜市山下町にあるヘラルド株式会社（Herald Kabushiki Kaisya）内に編集部を置く新聞社であり、明治三十六（一九〇三）年に設立されたもので、主催のオストワルト（M. Ostwald）が独逸新教神学校の校長でもあることから、村岡は神学校で得た人間関係で入社したものと思われる。

ここで村岡は、翻訳記者として、記事・論説の翻訳に従事する。この新聞は、おもに横浜や東京等に在住するドイツ語圏出身者を対象に刊行されているものであった。当時日本は、近代国家の確立を目指し、ドイツから科学・工業技術を盛んに輸入しており、それに伴ってドイツ系の技術者やビジネスマンも多く日本を訪れていた。

そのためこの新聞は、明治三十五（一九〇二）年四月に創刊した時は、ドイツ語のみの紙面であり、その内容は、主な政治記事（日本、中国、朝鮮）を除くと、経済紙的な色彩が強いものであった。ただし村岡が入社した翌年の明治四十二（一九〇九）年九月四日（第八巻第二十三号）から、読者層の拡大のため、紙面の体裁を日独二カ国語表記へと変更する。六〇頁程の紙面は、両面が表紙となっており、左綴じの面が独文版の表紙、右綴じの面が日本文版の表紙となっている。日・独語紙面が工業機械・工業製品等の広告で占められ、記事は、ドイツ語、日本語それぞれが十項目以上掲げられていた。二カ国語表記への移行の際、「本紙日本文部増設に就いて」という文章を掲載している。

吾日独郵報は、今より七年半以前、横浜に於いて始めて発刊せられ、今日に及べる週刊新聞にして、その目的たるや、日独両国民間の交際を深うし、彼我関係の親善に貢献する所あらむとするにあり。……然れども従来の本紙は、徹頭徹尾独乙文を以て編集し来れるを以て軟々もすれば、独文の普及せざる日本国にありては、屢次、隔靴掻痒の感を以て迎へられし場合なきにしもあらず。是、本紙編集者の、常に、遺憾とせし所なり、

依て茲に、深く鑿みる所あり。本号よりして、編集方法を一変して二部となし、従前の独文欄の外、更に、特に、日本文欄を増設し、是に依りて、親交ある両国家相互の了解に、一段の進捗を与へむとす。

(Deutsche Japan-Post 第二十三号)

なお紙面は、政治・経済の記事が主であったが、「日本文欄」には、少しではあるが「学術」関連の記事が見出せるようになってくる。たとえば、ラフカディオ・ハーンについて述べた講演（於東京帝大）を紹介した記事「民族心理学者としてのラフカヂオ、ハアン」などには、村岡が関わったのではないかと推測される。

後に村岡は、この時期について「横浜の一外字新聞の翻訳記者を主な職として、殆んど全き一日の休暇をも有しなかつた」（「増訂にあたりて」『本居宣長』）と回想している。結婚を機に、東京府大森に引っ越した村岡は、そこから週に六日は横浜に通うという生活をし、多忙を極めていたことは想像にかたくない。

そんな時期に書かれたのが、『本居宣長』であった。

第三章　『本居宣長』

1　本居宣長を選んだ理由

執筆状況

明治四十二（一九〇九）年、村岡は著述に着手する。

前年に、結婚と就職という生涯の転機を迎え、心を新たにし、研究者としての第一歩を踏み出すためのものであった。そして、約二年後の明治四十四（一九一一）年二月十八日、『本居宣長』（警醒社書店）として結実する。村岡、二十六歳。日独郵報社で働き始めてから、約三年が経った頃である。

江戸時代の国学者、本居宣長（一七三〇〜一八〇一）について書かれた最初の本格的研究書として、いまや古典的名著であり、いまだに繙かれることが多いこの処女作について、村岡は晩年、当時の執筆状況を回想して次のように述べている。

日々の仕事の為に、極めて多忙であったので、執筆はもとより夜分丈であり、随分夜ふかしもしたし、また汽車中で日記や全集を翻したり、横浜では昼休みにおける海岸通りの散歩に、種々考へを練ったりした。またその間に、無理に時間を作って、上野の図書館や南葵文庫に通ったし、また松阪へも一度行って、鈴屋の遺跡をたづね、山室山にも詣でたりしたものの、固より始終もう少し余暇があったならと思ひ、中学校などに勤務して、さまざまの休暇を享有する人々の境遇を、心から羨しいと思はないこととてなかった。

（『本居宣長全集』月報第一号）

なぜ、本居宣長なのか

当時の村岡は、決して余裕のある状況ではなかった。翻訳記者として忙しく働き、娘（稜威子《いつこ》）も生まれ、この年の九月には、長男（哲）も誕生している。そして宣長の地元、三重県松阪に研究調査に行った際には、家財道具を売って旅費にかえるほどまでに、金銭的にも困窮していた。このような状況を顧みると、次のような疑問が湧いてくる。

・なぜ、本居宣長なのか。
・なぜ、西洋哲学（ギリシア哲学、キリスト教）ではないのか。
・なぜ、研究者の道を選んだのか。

まず最初の疑問として、大学では西洋哲学を専攻し、キリスト教を学ぶために神学校にまで通った村岡が、研究者として第一歩を踏み出すための著作の対象として、なぜ日本の国学者である「本居宣長」を題材として選んだのだろうか。

村岡が宣長に関心をもったのは、本人の回想によると明治三十九（一九〇六）年頃のことらしい。大学四年時ということになる。当時は、ギリシア哲学やキリスト教を中心に研究している頃であるが、同時に日本の古典や古典学者の著書にも親しんでいた。こうした幅広い読書対象は、開成中学時代から変わらないものである。

そのなかに、宣長の『石上私淑言』（歌論）や『源氏物語玉の小櫛』（源氏論）、『玉勝間』（随筆集）などもあり、その「学問的精神」や「敬虔な宗教的情操」に、少なからず心を惹かれていたという。

今では歴史上の人物として教科書にも載っている宣長であるが、明治末年の日本では、一般的には名前も聞いたことがないというのが普通であった。村岡が本を出した際に出版社の人がやって来て、「お客さんが、此の本居宣長（もとゐせんちゃう）といふのは、何んの事だといった」（「本居宣長　対談長谷川如是閑・村岡典嗣」『文藝』第十巻第七号）という逸話があるほどである。つまり、人の名前としても認識されていなかったのである。一般的な認知は、賀茂真淵《かものまぶち》と本居宣長の邂逅を描いた「松坂の一夜《ひとよ》」の話が国定教科書『小学国語読本』巻十一のなかに載せられる、昭和十三（一九三八）年以降と考えられている。なおこの「松坂の一夜」は、佐佐木信綱の手によるものである（『賀茂真淵と本居宣長』（広文堂書店、一九一七年）収載）。

ただし、早稲田大学で村岡が熱心にシェークスピアの講義を聴いた坪内逍遙は、明治十八（一八八五）年に発表した『小説神髄』で、すでに本居宣長を、論考の中心として取り上げている。そこで逍遥は、小説の「主脳」を次のように規定する。

小説の主脳は人情なり。……人情とは人間の情欲にて、所謂百八煩悩是れなり。（『小説神髄』）

そして、村岡も読んだ『源氏物語玉の小櫛』から、宣長の「物のあはれ」の説を、かなり長く本文中に引用し、次のように述べる。

〔本居宣長は〕すこぶる小説の主旨を解して、よく物語の性質をば説きあきらめたるものといふべし。（『小説神髄』）

宣長は、江戸時代に書かれた、儒教的勧善懲悪主義の読み物を、本当の人の心が描かれていないとして否定した。そして、本来の物語は、きれいごとではない、「物のあはれ」が書かれていなければならないと主張した。

逍遥は、その論考を敷衍することで、「人情」＝「煩悩」を描く小説こそが、近代にふさわしい文芸だと確立しようとした。逍遥は、自分の文学論の先駆として本居宣長を見出していたのである。

村岡は、『小説神髄』は間違いなく読んでいたはずであり、また早稲田の講義で、逍遥がその話をしたこともあったであろう。こうしたことが、大学在学中に宣長の著作に親しむことに繋がったと思われる。

ただし、研究対象として選んだことには、より直接的なきっかけがある。

後に村岡は、開成中学校の先輩である長谷川如是閑との対談のなかで、「本居宣長全集といふものが出たが、あれをすっかり読んで研究した人はまだいないやうだと言はれたのに刺激され、一つやってみようと始めたわけです」（「本居宣長　対談長谷川如是閑・村岡典嗣」『文藝』第十巻第七号）と説明している。これは、村岡が友人の結婚披露宴に出席した時に同席した、開成中学時代の先生である堀江秀雄とのエピソードである。堀江先生の言葉が動機となり、竹柏園所蔵の全集七冊を借り出して、読み始めたことが、全ての始まりであった。

なぜ、西洋哲学ではないのか

次に、なぜ大学で熱心に研究していた西洋哲学、キリスト教ではないのか、という疑問がある。

もともと幼少期に佐佐木家で薫陶を受け、中学校時代に、万葉集から選んで百人一首かるたを創作し、級友とともに興じるほどに万葉の歌を愛していた村岡が、大学で西洋哲学を専攻したのは、万葉集に歌われた素朴な思いをギリシア思想に重ねたということが理由であった。したがって「本居宣長」への転向は、原点に戻ったと言えなくもないが、その方向転換を後押ししたものは、何だったのだろうか。

これについては波多野精一が友人に宛てた手紙で、次のように記している。

君〔村岡典嗣〕は竹柏園の創立者佐々木弘綱翁の身内のものとして、同翁の家に少年時代を送ったためでせう、年少の時より古事記万葉を活かしている、日本古代精神の雰囲気のうちに育まれました。大学に入るに及んで、私の講義によってはじめてギリシアの文化及び思想に接し、それら二つの精神の類似に打たれてギリシアの尊崇者となり、傍ら西洋精神の深みを究めるために、十九世紀の historische Theologie に親しみました。かくてはじめはギリシアの研究を一生の事業とするつもりになったやうです。ところが、ギリシア語の学習が、即ち真の文献学的研究の基礎となり得る程度の古典語の体得が自分の力の及び難い所であるを悟るに及んで、再び幼少時代以来の養ひ親である、精神的故郷に立ち帰りました。これは、同君の人間として又学者としての純真さを物語るものであります。

（田中美知太郎宛「書簡」昭和二十一年五月二日付『波多野精一全集』）

あらためて村岡が、「日本古代精神」と「ギリシアの文化及び思想」との類似に打たれて、大学で西洋哲学を専攻したことが述べられ、当初はそのまま「ギリシアの研究を一生の事業研究とするつもり」だったことが語られている。

しかし、「真の文献学的研究の基礎」となる「古典語の体得」に限界を感じ、「精神的故郷」に戻ったという。つまり語学習得の遅れが、村岡に西洋哲学を断念させたということになる。

ただし村岡は、決して語学能力が劣っていたということはなく、英語、ドイツ語、フランス語を、平均以上に体得していた。それは、基本的に英語とドイツ語で行われる「新教神学校」の講義を一年間聴講していること、サバティエの『宗教哲学概論』を訳していること、そして翻訳記者として勤めていることなどからも明らかである。

しかし、それでも断念したということは、それだけ村岡が目指した「真の文献学的研究」に必要となる語学レベルが高かったのだろう。

晩年の村岡は、「先生は何故哲学をお止めになったのですか」という問いに対して、確かに一時期はその分野を究めようとしたが、〝自分はその器ではないということを悟った〟と答えたという。「西洋哲学ではとうてい自分を凌駕することはできまいから、新しい領域を開拓するように」（村岡晢「村岡典嗣」『史想・随筆・回想』）という指導教官である波多野の熱心な勧めに従ったとも言われている。なお波多野は、「私はこの名著をすでに原稿の時に読ませてもらつた、忘れ難き体験をもつてをります」（香川鐵藏宛「書簡」昭和二十一年四月二十五日）と述べており、『本居宣長』執筆時も大きな支えになっていた。

そもそも村岡という、当時全く無名の若者が単著を出版できたのは、波多野の紹介によるものである。警醒社というのは、内村鑑三『基督信徒の慰』『求安録』『地理学考』『How I Became a Christian（余は如何にして基督信徒となりし乎）』などを刊行した、キリスト教関係の出版社であり、波多野の『基督教の起源』（明治四十一年十一月）も、ここから出版されているのである。

なぜ、研究者の道を選んだのか

最後に、なぜ村岡は、研究者を目指し、そしてその信念を貫けたのかという疑問が残る。

村岡は大学を卒業した後、新聞記者として二十代を過ごす。その後、早稲田大学、陸軍士官学校、広島高等師範学校などの講師を経て、東北帝国大学教授に内定した時には、四十歳目前であった。決して学者としてエリートの道を歩んだわけではなく、常に実家も含め、家計は苦しい状態が続いていた。

村岡自身も、当時は「未だこの方面の学問を、生涯の仕事としようとの決心もつきかねておった」（「増訂にあたりて」『本居宣長』）と後に回想している。

このことについて、村岡において学問こそが、生きる支え（「俗中の真」）であったのだろうと指摘したのは新保祐司である。新保は、その村岡の真意は、彼自身が書いた契沖《けいちゅう》像に現れているとする。新保が取り上げているのは、村岡が昭和四（一九二九）年に書いた論文「近世学問意識の源泉としての契沖の人格」である。ここで村岡が提示しているのは、なぜ江戸時代前期の真言宗の僧、契沖（一六四〇〜一七〇一）は、妙法寺住職という宗教家という生き方ではなく、「学問を本領として、そこに安住し得たか」という問いである。たしかに現在、契沖は古典学者として名が残っている。

論文では、契沖が石橋直之宛てに出した一通の手紙が考察される。この手紙では、世の中のことは「俗中の俗」、万葉集の講義は「俗中之真」と表現され、契沖は、人は「俗中之真」を生きるべきとして、自身が行う万葉集の講義へ石橋を誘っている。

この手紙の内容を受けて村岡は、次のように考察している。

これ実に、契沖が学問に対する信念を語れるものである。けだし、高野山に失望し、住職としての俗生活の煩に耐へなかつた彼が、その心の満足を求め得たところは、この俗中の真であつた。これ、彼が学問を生涯の事業とした所以である。

（「近世学問意識の源泉としての契沖の人格」『日本思想史研究』岡書院。傍点原文）

契沖は、十三歳で高野山に上がり、二十四歳で阿闍梨の位を授けられ、曼荼羅院の住職になりながらも、その現状に飽き足らず下山した。この傍点を打ったのは、村岡自身であることから新保は、次のように述べている。

この文章は、何か村岡の告白を聞く思いがする。

（新保祐司「村岡典嗣――学問の永遠の相の下に」『日本思想史骨』）

横浜の一外字新聞の翻訳記者としての生活は、村岡にとって、「俗中の俗」であり、その「俗中の俗」のただ中にいて、その「俗生活の煩に堪へなかった」からこそ、「俗中の真」への激しい希求が生まれた。

村岡にとっての「俗中の真」は、契沖と同じ「学問」に存在したのではないか。

「近世学問意識の源泉としての契沖の人格」という論文は、「契沖が学者として純粋であり得たのは、彼が真の僧侶であつたからである。彼の清らかな聖心よりこそ、その澄みわたつた学問的意識は、湧きいでたのである」と結ばれる。「澄みわたつた学問的意識」が「湧きいでたの」は村岡自身も同じであり、その湧き出た思いが集約されたのが、処女作『本居宣長』と言えるのではないだろうか。

2　宣長問題とは何か

宣長における矛盾

村岡の処女作『本居宣長』は、単なる江戸時代に生きた偉人の伝記ではなく、ひとつの「疑問」に答えるために書かれたものである。村岡は、次のように言っている。

私は、本居宣長を書いた当時は大森に住んでいましたが、毎日勤務先の横浜へ通ふ汽車の中で〔宣長に関する資料を〕読みました。そうしてさっきの問題―あれだけの科学者が、どうしてああいふ信仰を有ったんだろう、どう解釈していいか、といふことは新聞社のひる休み時間に、横浜の波止場を散歩しながら、いつも考えたところでした。

（「本居宣長　対談長谷川如是閑・村岡典嗣」『文藝』第十巻第七号）

「科学」と「信仰」の矛盾である。

これは、現在でも「宣長問題」として議論されている、宣長をめぐる最大の命題である。

宣長の代表作は、やはり『古事記伝』である。三十年以上をかけて、一字一句に立ち止まり、丁寧に『古事記』を注解したこの書物は、一方で『古事記』に書かれていることは、すべて〝真実〟と見なすことで成り立っている。それは神武天皇以降の記載が、事実なのか否かという歴史学的考察段階を超えて、神話と呼ばれる荒唐無稽な事例までにも及んでいる。いわく、天照大神は太陽であり、今に至るまで世界中に恵みを与えていることは真実である、といったレベルである。

つまり、極めて緻密で実証的な文献学的方法をとった「学問」としての側面と、非合理的記述をありのままに狂信的に信じるという「信仰」としての側面が、宣長のなかに並存しているのである。

この不可解が、宣長における一番の問題である。文献学的方法によって厳格に推し進めていった結果として、不明なところに直面した際、一転、信じるしかないと飛躍してしまう態度をどのように捉えたらいいのか。

ただしこの問題は、村岡が最初に見つけたものではない。日本研究の領域で、早くから宣長を参照していた日本学者、とくに外国人の研究者は、この時点ですでに同様の指摘をしていた。しかし、それに満足な解答を示すことはできていなかったのである。

本居宣長のような聡明英知な人が、古代人の荒唐無稽、合理的ではない思想をなぜ信じ得たのか。村岡の『本居宣長』の最大の意義は、学問的説明によってこの問題を明瞭ならしめ、実際にひとつの解答を示したことにあった。

この〝解答〟を知るために、まず村岡が、「文献学」によって本居宣長の思想や学問の本質を理解しようとした点から確認していきたい。

芳賀矢一

「国学」とドイツ文献学との親近性については、村岡が先鞭をつけたのではなく、国文学者である芳賀矢一《はがやいち》（一八六七〜一九二七）がすでに示唆していた。実際、『本居宣長』の中で「春満、真淵、宣長と相継いだ徳川時代の国学者の学問をフィロロギイに擬して考へることは、明治の新しい国学者の、已に夙に唱へたところである」として、「芳賀矢一」の名を挙げ、芳賀の論文に「Suggestion を得た」と記している。

芳賀矢一とは、東京帝国大学教授、国学院大学学長などを歴任し、近代的学問としての国語学・国文学を樹立した人物である。芳賀は、明治三十三（一九〇〇）年、東京帝大文科大学助教授（国語学国文学史第四講座）時代に、ドイツに二年間、留学する。目的は、国文学の研究を西洋の文学研究に照らして科学的な観点から確立することにあった。

明治三十三年とは、村岡が開成中学校最終学年の年であるが、この留学直前に芳賀は、国語伝習所にて講演を行っている。翌年一月に『国学史概論』として出版されるこの講演のなかで芳賀は、次のように述べる。

> 西洋学者はフイロロギーと称して、文献を本にして、其国を研究します。日本で言へば、国語国文を本にして、其の国を研究するのです。国学者が二百年来やつて来た事は、つまり日本のフイロロ

ギーであった。

（芳賀矢一『国学史概論』）

本居宣長に代表される江戸時代の「国学者」が行っていたことは、「フィロロギー」であったとし、その近代的学問分野は、「国語・国文を基礎として、日本国民の性質を研究する」ものと定義している。「フィロロギー」とは、後に「文献学」と訳されるが、少なくともこの講演時点で芳賀は「文献学」という訳語を使っていない。

こうした明確な目的意識を持って留学したドイツでは、アウグスト・ベックらの文献学を中心に学び、より考察を深めていく。その内容は、帰国後の明治三十六（一九〇三）年十二月の講演「国学とは何ぞや」で知ることができる。

ここで芳賀は初めて、「フィロロギー」を「文献学」と訳し、この「文献学」の目的を、「国」の文化的・社会的な全体の解明に置いている。つまり「言語」を知ることではなく、「国」を知ることを学問の最終到達点とした。

芳賀によれば、ある国の文化・社会の歴史的な研究には、たしかに「国語」の解明が不可欠であるが、「文献学」は「古い言葉を知るのが本領ではない」。「国語」に立脚しつつ、ある時代の「国民全体の活動状態、生活状態といふものを、今日の国民の前に再現する」ことが、「文献学」の目的だと芳賀は説いたのである（芳賀矢一「国学とは何ぞや」『芳賀矢一選集』第一巻）。

留学前の「フィロロギー」＝「国学」という図式は崩れ、古い言葉の尊重に「本領」を置く「国学」と、「文献学」は別の存在と解説するに至る。

なお芳賀の最も有名な著作『国民性十論』（明治四十四年。『芳賀矢一選集』第六巻収載）には、こうした考え方の基調が顕著に表れている。ドイツ留学後の講演からこの著作の間に、日本は日露戦争を経験するが、この戦勝を受けて、十回の講座として、日本の国民性を、第一の「忠君愛国」から、第十の「温和、寛恕」までの十項目にまとめて論じたのが『国民性十論』である。

『国民性十論』では、「日本学」という言葉も使われているが、そもそも明治維新以降、とくに大学において、自国言及の学問はどのように扱われてきたのだろうか。

大学における「日本」

近代の日本の大学は、西洋の最新の学問を教えることを使命としていたため、その出発において「日本学」なるものは、存在していない。

たとえば、明治十（一八七七）年に東京大学が成立した時、文学部に史学科が置かれたが、それは欧米の歴史学であって、日本史と東洋史は研究対象ではなかった。日本史関係の学科としては、明治十六（一八八三）年に、国史・国文を対象とした古典講習科が設置されたが、二年で募集を停止してしまう。

明治十九（一八八六）年の「帝国大学令」では、「帝国大学ハ、国家ノ須要ニ応スル」という第一条から始まっているが、帝大の史学科ではあいかわらず日本史は教えられないままであり、国史学科が設置されるのは、大学創設から十二年後の明治二十二（一八八九）年まで待たなければならなかった。

翌年、教育勅語が発布され、ここでは天皇への忠と父祖に対する孝を中心とした儒学風の徳目を、学校教育の中核として定めた。これに呼応して初めて「日本学」なるものが意識される機運が高まり、さらに日清戦争、日露戦争の勝利という〝強力な〟後押しがあったことで、明治後半期には、「国民道徳」や「国民精神」といった著作が書かれるようになっていくのである。芳賀の『国民性十論』もそうしたなかに位置づけられる。なお、村岡の『本居宣長』は、『国民性十論』と同年に刊行されたものであった。

「認識されたものの認識」

村岡の『本居宣長』は、宣長という題材を、芳賀矢一の「文献学」を使いつつ、波多野精一のもとで学んだ西洋哲学の知識をふまえ、より深化させた性格のものといえる。なお芳賀の留学後の講演「国学とは何ぞや」は、翌年一、二月の『國學院雑誌』に掲載されるが、村岡が『本居宣長』で触れているのは、この論文のことであり、ここでは、アウグスト・ベックの「認識されたものの認識（Erkennen des Erkannten）」について言及がある。

村岡は、宣長と同時代のドイツで生み出されたPhilologie（文献学）のなかでも、ベックの文献学は、古代ギリシア・ローマの文明を理想視し、その古典的テクストについて「認識されたものの認識」を目指す古典認識の方法として捉えていた。そして、このベックの「認識されたものの認識」は、『本居宣長』の中核を担うだけではなく、以後村岡自身の学問に対するひとつの指針となっていく。

アウグスト・ベック

ベックについて、安酸敏眞《やすかたとしまさ》の研究をもとに紹介してみたい。

アウグスト・ベック（August Boeckh）は、一七七五年十一月二十四日、ド

アウグスト・ベック

イッバーデン辺境伯領のカールスルーエに、六人兄弟姉妹の末っ子として生まれた。五歳の時に父を亡くし、一家は経済的に大いに困窮したが、それでも母親の理解と計らいで、ベックは人並み以上の教育を受けることができ、地元のギムナジウム（ドイツの伝統的な普通中等学校。大学に進学するためには、ギムナジウムの修了証が必要）で学んでいる。

彼はこのギムナジウムで、優れた教師から、古典語、哲学、数学などの学問的基礎を徹底的にたたき込まれ、優秀な成績で卒業すると、政府の奨学金を得て、神学者になるべくハレ大学に入学する。

ベックはここで、二人の偉大な学者に出会う。一人は、古典文献学者であるフリードリヒ・アウグスト・ヴォルフであり、もう一人は、フリードリヒ・シュライアーマッハーである。シュライアーマッハーは神学部で教える傍ら、隣接する哲学部でプラトンに関する講義も担当しており、ベックはこの講義によってプラトン研究へと導かれた。この二人との出会いを通して、ベックは神学者になるという入学時の目標を捨て、古典文献学者への道を歩み出すことになる。

一八〇六年、ハレ大学を卒業したのち、翌年ハイデルベルク大学の古典文献学の員外教授となる。弱冠二十二歳であり、さらに三年後には、古典文献学の正教授、その後一八一〇年に設立されたベルリン大学の教授として就任した。いかに優秀であったかが分かる経歴であるが、ベックは一八六七年まで、五十六年の長きにわたってベルリン大学で教え、その間に学長を五回も務め、大学創立五十周年の式典も、学長としてみずからの手で挙行している。

ベックは、ギリシア哲学史、ギリシア文学史、ローマ文学史などを講義として担当しているが、その他にも、ベルリン大学着任後すぐに、文献学のゼミナールの開設を申請している。この企画は大学に認められ、常に定員の数倍の申込みがあり、多くの学生が参加する人気ゼミとなっていった。

ベックの「文献学」　ではベックの「文献学」とは、どのようなものだったのだろうか。

ベックには『文献学的諸学問のエンチクロペディーならびに方法論』(Encyklopadie und Mtthodologie der philologischen Wissenschaften)という書がある。これは弟子が、ベックの講義ノート(二十六学期分)を整理して死後出版したものであるが、この書では、まさに「文献学」とはどのような学問なのかについて検証されている。

そして、ここで出てくるのが、「認識されたものの認識」という村岡が惹きつけられてやまないフレーズである。

注意をひくのは、第一に、ベックがここで文献学の対象として設定している「認識されたもの」が、単なる言語や文学の言語資料ではなく、人間精神の活動の全てを指していることである。

芳賀や村岡が引用しているこの言葉は、もともと「人間精神によって生み出されたもの、すなわち、認識されたものを認識すること」という一文のなかにある。つまり文献学においては、「一つの民族の、身体的ではなく、倫理的ならびに精神的な、活動の全体」あるいは各民族の「精神的発展全体、その文化の歴史」が研究の対象としているのである。芳賀がドイツ留学直後の講演で、「文献学」は古い言葉を知ることが本領ではなく、「国語」に立脚しつつ、ある時代の「国民全体の活動状態、生活状態といふものを今日の国民の前に再現する」ことが、「文献学」の目的だとしたのは、まさにこのベックの主張をそのままに引き継いでいたといえる。

「人間精神によって生み出されたもの」全てが対象なのである。

さらにベックは続ける。文献学の第二の特徴は、「再認識」だとして、哲学と比較してその特徴を明らかにする。

哲学は、研究者が第一の主体となって物事を認識する。一方で文献学は、他の誰かが認識したことを、研究者が「再び知る」学問である。すでに存在している「認識」を、あらためて研究対象とするということである。

こうして哲学との違いを説明した上で、次は歴史学との比較に入る。「文献学の概念は最広義の歴史学の概念と重なり合う」としつつも、文献学の目的は、歴史学と違って歴史叙述そのものではなく、「歴史叙述のなかに貯蔵されている歴史認識の再認識」であるとする。

つまり歴史学は、人間が行動を起こした結果を、歴史的事象として研究対象とする。一方で文献学は、行為までに結実しなかったとしても、確かに人の思いや意思として考えられたこと、認識されたもの全てを対象とするのである。

歴史に生きた人々は、多くのことを感じ、思い、意思を持つが、そのなかで歴史的出来事として結実するものはほんの一部である。歴史学は形に残ったもののみを研究するが、文献学は、実行に移される前の「人間精神」全てを再認識する。ベックは、文献学とは、「人間精神が構成したいろいろなものをその全体において追構成すること」とするのである（安酸敏眞「アウグスト・ベークの解釈学」『文献学的諸学問のエンチクロペディーならびに方法論』の訳文も安酸によるもの）。

村岡の解答

こうしたベックの「文献学」を下書きに、村岡は『本居宣長』のなかで、次のように述べている。

> 所謂、「知られたることを知る」とは、古人の意識を再現するといふことで、更に詳しく言へば、古人の意識したところを、そのまゝに、理解するといふことが、文献学の任務であつて、また目的であると言ふにある。（『本居宣長』、傍点原文）

日本の古代を理想として、『古事記』を通して、それをありのままに明らかにすることを追求した宣長の学問は、ベックの「文献学」に合致するように思える。しかし村岡は、一方で、ベックの文献学と全く等しいものとみなすことは出来ないと述べる。

なぜなら「宣長問題」が存在しているからである。本居宣長に存在する学者としての側面と、宗教家としての側面。この二つが併存する矛盾である。

村岡は『本居宣長』のなかで、宣長が、外からは矛盾と見える要素を共存させながら、「彼の意識に於いて」確実性を有していた「心理的根拠」とは何であったのかを問うという方法で、三つの理由をあげた。

第一は「国家思想（国家的自覚と国民的自尊とから成れる尊王愛国主義）」、第二は「経験的不可知論的思想」、そして第三は「敬虔的思想」である。

村岡は、この三つが宣長に深く内在していたからこそ、「不合理なるが故に信ず」というところに行きついたのだと解釈した。とくに三つのうちで村岡が重視したのは、第三の「敬虔的思想」である。そして第二の「経験的不可知論的思想」は、この第三と密接に結び付いている。

「経験的不可知論的思想」とは、知性や能力に限界がある人間には、最終的なものごとの本質の認識は不可能である、という考えである。

なぜ人は悪しきことをしてしまうのか。

なぜ人は存在しているのか。

なぜ太陽は我々をあたたかく照らしているのか……。

全て人間に真実は分からない。ましてそれに善悪正邪の評価を下すことなどは決してできない。そうしたちっぽけな存在である人間が、書物に書かれた内容に対して、自分の「経験」のみを頼りにして〝荒唐無稽〟〝あり得ない〟と断罪したところで、どれほどの意味があるのか。こうして第三に繋がっていく。すなわち、

万事万物に絶対的神意の発現を認めて、絶対的の信頼をなすといふ態度

（『本居宣長』）

である。村岡は、この態度は、「国家思想」と「経験的不可知論」のさらに「根底をなしたもの」と説いた。そして「神意」への「絶対的な信頼」を基盤としつつ、文献学的考察をつきつめた宣長の学問的態度を、文献学の「変態」であるとした（以上、前田勉「解説」『新編日本思想史研究　村岡典嗣論文選』を参照）。

　宣長は「認識されたもの」をそのまま信じ、古代の事実の認識をそのまま自己の主張とした。「ベエクの言を借りれば、彼は古代人の思想を、古代人の如く理解すると共に、古代人の如くフィロソフィイレンしてゐる」（村岡はベックを「ベエク」と表記する。傍点原文）。つまり文献学的再認識が、最終的には哲学的認識になってしまったということであり、その意味で、ドイツの文献学そのものではなく、「変態」とみなしたのである。

　この「変態」の捉え方で重要なのは、このような分析をした村岡自身への視点である。村岡は、宣長のなかに宗教的な情操を見て取り、敬虔的な宗教的情操をもつ人物として宣長を描き出した。

　この「敬虔的思想」の解釈には、宗教の本質を絶対依存の感情、敬虔感情にあるとする波多野精一の宗教論の影響が見て取れる。さらには万葉時代の国民感情と古代ギリシア人の感情との類似に打たれたり、西洋文化の精髄としてのキリスト教を把握するために神学校に通学した村岡だからこそ、辿り着いた解釈とも言える。もしかするとそこには、伊豆大島で、島民の人々が素朴に見せた宗教的な感情や行為に接したことも、影響しているかもしれない。

　つまり学問と信仰の狭間で揺れ動きながら、「純真なphilosophia（愛智、真理の熱愛）」を目指してもがき続ける本居宣長の姿は、鏡写しの村岡自身だったのではないか。処女作には、著者の全てが込められているものである。

3 『本居宣長』の後

村岡自身の宗教的情操と学問への思いを、宣長という媒体を通して分析したのが『本居宣長』だったと言える。しかし、これまでの三十年近くの人生全てを込めたかのような著作であったが、村岡の期待や思いとは裏腹に、無名の著者が、ほぼ無名の人物を取り上げて書いた本は、世の中に受け入れられることはなく、五百部印刷したうちのわずか半分くらいしか売れなかった。そのため最終的には、絶版の憂き目を見ることになる。ただし昭和に入ると、岩波書店に発行社を変えて再版され、時代の後押しもあり、村岡の生前は第七刷まで増刷される。戦後は、再び長く品切れ状態が続くが、小林秀雄が「本居宣長」の連載を始めることで、復刊ならびに再評価の機会を得て、今に続く古典的名著としての地位を確立した。

失職、そして父の死

しかし、この書を出した時点では、村岡をめぐる状況が劇的に変わることはなく、貧困から抜け出すこともできなかった。そして刊行から三年経った大正三（一九一四）年、この窮状に拍車をかける出来事が立て続けに起こる。

まずこの年の七月二十八日、オーストリアがセルビアに宣戦布告したことをきっかけに第一次世界大戦が始まる。日本は、八月四日のイギリスの対独宣戦に呼応して、日英同盟を理由に、八月二十三日にドイツに対して「帝国ハ独逸国ト国交断絶シ交戦状態ニ入ル」と宣戦布告した。

このことを受けて、日本とドイツの友好・親善に貢献することをひとつの目的としていた日独郵報社は解散となり、九月に村岡は職を失うことになる。

さらに追い討ちをかけるように、九月八日、父典安が亡くなる。『心の花』（第十八巻第十号）には、「竹柏会第一回大会より常に幹部として努力せられし村岡典安氏六十七歳を一期として九月八日遂に不帰の客となられ候吾人は哀悼の意を表するに何を以てするかを知らず候」という追悼文が掲載されている。

早稲田大学への就職

しかし、こうした「俗中の俗」が苦境に陥るからこそ、むしろ村岡のなかの「俗中の真」は、力強く光を放っていく。

まず父の死去から二カ月後の十一月二十日、ドイツの哲学者・ヴィルヘルム・ヴィンデルバント（Wilhelm Windelband）の『Die Geschichte der neueren Philosophie』の最初の部分を訳した『ヴィンデルバント近世哲学史　第壱　近世初期の部』（内田老鶴圃）を出版する。

ヴィンデルバントの二巻本の原著は、第一巻が七章立てで総頁五八〇頁、第二巻が二部立て総頁四〇〇頁の大著である。このうち村岡によって訳されたのは、第一巻第四章の終わりまでであり、これは分量的には全体の約四分の一にあたる。少なくとも第一巻の後半部分は翻訳されるはずだったと思われるが、これはついに未完に終わった。村岡はこの書の冒頭に掲げられた「凡例」で次のように書いている。

今や我国は独逸国と交戦状態にありと雖も、言ふまでもなく学問には国家的障壁なし。欧州戦争の結果は如何にもあれ、我国民は、殊に哲学的教養上、将来永く、独逸に学ばざるべからず。目下国交断絶の時に際し、この訳本を原著者に致して、敬意を表するを得ざるは、訳者として、之を遺憾とせずんばあらず。

大正三年十月十二日　　訳者識す

（『ヴィンデルバント近世哲学史　第壱』）

なおこの訳書は、約四十年後に村岡哲によって改訳され、ヴィンデルバント、村岡典嗣・村岡哲訳『近世哲学史 上巻』（角川書店、一九五三年）という共訳の形をとって、角川文庫の一冊として出版される。

そして村岡は、大正四（一九一五）年春、母校早稲田大学の講師に迎えられる。これは失職し、生活の糧を失った村岡の窮状を心配し、波多野が世話したものであろう。

なお村岡はこの頃、新婚当初の大森の住まいから牛込薬王寺に引っ越しており、この住居は、波多野精一の住まいのすぐ近くであった。「牛込の同じ宅地内に師に隣接して僑居を求め、日夜薫陶を仰いで」（村岡哲「橘静二と村岡典嗣」『史想・随想・回想』）おり、吹田も、「その頃は村岡は牛込の薬王寺前の波多野先生の家と同じ地面うちの、おちついた、二階屋の借家に住んだ。家賃はたしか十五円で、二階の書斎には、堂々たる机を置いてあった。村岡は一生質素な生活をつづけたやうであるが、本とか文房具とか書斎の道具などには、可なりいいものを置くことを好み、金も惜しまなかったやうである」(「村岡典嗣君を憶ふ——覚え書き風に」)と回想している。息子である晳も、後年、この頃を述懐している。

同じころ、第一次世界大戦勃発の影響で「日独郵報」社の解散に伴い失職した父は、やがて母校の講師と陸軍士官学校の英語の助教となり、牛込の市谷薬王寺町へ居を移した。私の幼年期の記憶はほとんどすべてこの家に集中している。かなり大きな二階家だったが、後家となった祖母や年若い叔父母たちも何人か同居し、ずい分大家族であった。私は、ひとりで鶏の世話をしたり草花を育てたりすることが好きで、また夏季には、近くの「水野の原」や「戸山が原」さらに「早稲田の杜」で蝉やトンボを追い回した。丹波の先祖代々の地を踏む機会が一度もなかったことは、今でも大変心残りであるが、秋になると、よく大きな栗の実やまつたけ、それにいのししの肉の味噌漬などが到来するのが楽しみであった。

(村岡晳「八十余年の回顧」『続 史想・随想・回想』)

ここで書かれているように、村岡は、大正五(一九一六)年七月には、陸軍士官学校陸軍助教にも就任し、英語の授業を受け持っている。

こうして、まさに波多野に公私ともにお世話になることになった村岡は、やがて世にいう「早稲田騒動」によって、思い出のつまった大学を辞めることになるのであった。

第四章　「早稲田騒動」と学問的精神

1　「早稲田騒動」とは

今日では「早稲田騒動」と呼ばれる、大正六（一九一七）年に起きた事件について、講師として三年目であった村岡は、当事者の一人として深く関わり、そのために大学を辞職することになる。

まさに村岡のもつ学問的精神ゆえの結果であったが、それは一体、どんな「騒動」だったのか。

騒動の背景

創立三十周年祝典の翌年の大正三（一九一四）年四月、早稲田大学学長である高田早苗は、諸外国の教育事情を視察するため、欧米諸国へ向かう。村岡が講師として就任する前年のことである。

この直後の四月十六日、総長であった大隈重信の内閣が誕生する。十七年前の明治三十一（一八九八）年に成立した第一次大隈内閣は、わずか四カ月という短命で終わった。今になって数え七十七歳に達していた大隈に首相の椅子が回ってきたのは、かつて大隈の幕下にあった犬養毅《いぬかいつよし》や尾崎行雄《おざきゆきお》らの憲政擁護運動が功を奏したからと言われている。

さらに翌年の八月、第二次大隈内閣は、高田早苗を文部大臣に任ずる。早稲田大学の総長と学長が、総理大臣および文部大臣の地位についたことになる。代わりに天野為之が学長に命ぜられ、高田は名誉学長となる。また東京専門学校時代より講師を務めていた坪内逍遙も、この時に名誉教授となり一線を退いた。

銅像建立問題

大正五（一九一六）年、大隈総長夫人の銅像を校庭に建立するという方針が決定される。この計画は、一部の大学当局者のみで決められ、工事が始まり土台が造られた段階でも、ほとんどの教授は誰の銅像かすら知らなかった。銅像は大隈夫人であるということが分かった時には、高田早苗など学校創設に深く関与した人物ならばと納得しかけていた者たちに大きな失望をもたらすことになる。その失望は次第に、こうしたことを秘密裏に行う大学首脳部に対する反感へと変わっていく。

なお、この騒動に生徒として深く関わり、結果として自主退学した一人に、後の小説家、尾崎士郎《おざきしろう》（一八九八～一九六四）がいた。そして彼の小説『人生劇場』には、この騒動を題材とした部分がある。あくまで、フィクションとして書かれているが、実際に起こったことを〝類推〟するには十分な内容である。たとえばこの銅像建立については、次のように語られる。主人公「青成瓢吉《あおなりひょうきち》」が、この問題について、教室において他の生徒の前で演説する台詞である。

「あそこに大隈夫人の銅像が立とうとしているのである。われわれは総長の恩を感じることにおいて何人にもおとるものではない。しかし、――自由と独立の名において創立されたわが学園の精神をまもることは個人の情誼《じょうぎ》におもむくよりも重い、われわれは大隈夫人を慕うことにおいて慈母に接するがごとき感情を失うものではない。だが、諸君！　われわれは学園三十年の光栄ある歴史の背後に血をしぼり骨を削って今日の基礎をつくりあげた小野梓《あずさ》先生のあることをわすれてはならぬ、――侯爵夫人の銅像はすべからく大隈老侯の庭園に建つべし、もしわれらの校庭に銅像が必要ならば血を吐いて倒れた小野梓先生の銅像をこそ建つべきではないか、諸君は昔、山崎闇斎《やまざきあんさい》が孔《こう》孟《もう》の教えを説いたあとで学徒に質問したことばを知っているか？」……

「山崎闇斎は――」……

「――学徒に向かってこうたずねたではないか、もし孔子と孟子《もうし》が陣頭に立って、日本へ攻めよせて来たら諸君は何とするか、学徒のうち一人として答えうるものはなかった。そのとき闇斎、声をはげまして曰《いわ》く、孔孟もし来たらば彼と一戦をまじえてすみやかにうち破らんのみ、何となればこれ孔孟の教うるところなるがゆえであると、――諸君、われらもまた大隈老侯の教うるところに従わねばならぬ、学の自由と独立をまもらんがためにわれらは大隈夫人の銅像建設に身をもって反対すべきである、『事実』は遠きにあらず、窓の外にあり、僕が言うところの、当面すべき事実とはまさにかくのごときものである」

（尾崎士郎『人生劇場』）

なお、台詞内にある通り、「明治十四年の政変」にて大隈とともに下野し、東京専門学校の立ち上げに尽力した小野梓は、設立から四年後の明治十九（一八八六）年一月十一日、享年三十五歳という若さで亡くなっている。肺結核を悪化させての死去であるが、最初に吐血したのは渦中の明治十四年であり、まさに〝命をかけて〟の学校創設事業であった。

プロテスタンツ

この頃、早稲田大学には、若手の教員が所属する恩賜館研究室というものがあった。この恩賜館研究室の教員を中心に、大学に対してより積極的な発言を行う恩賜館組＝プロテスタンツと呼ばれる組織が結成される。発足時のメンバーは十人であったが、そのなかに村岡も入っている。プロテスタンツは、この銅像建立の非を唱えて天野学長と談判し、最終的にその決定を覆すことに成功する。

事態は、そこで終息するかに思われたが、早大教授の浮田和民《うきたかずたみ》が、このプロテスタンツの行動を批判し、さらに講義中に生徒に向かっても同様の発言したことから問題は拗《こじ》れていく。浮田は、東京専門学校時代からの古株であったが、プロテスタンツの矛先は天野学長へと向かう。この浮田の行動を許し、何ら咎めもしないことへの不信である。

こうして銅像建立に端を発した問題は、大学の組織改革の要望へと繋がり、天野学長への不信任声明の提出、ならびに高田の学長復帰運動まで展開するに至る。この時高田は、大隈内閣の崩壊にともないすでに文部大臣を辞任しており、高田が学長に戻ることは、実質的には可能だったのである。そしてこの大学改革運動に、非常な熱意を以て参加したのが村岡であった。

橘静二

この運動の中心的存在の一人に、早稲田大学の事務職員、橘《たちばな》静二《せいじ》（一八八六～一九三一）がいた。村岡も好意を持って接していた橘は、明治四十年代に大学の職員となり、その後、高田早苗の学長秘書、さらに高田が文部大臣となった際も、文相秘書官を務めたという人物である。この橘については、坪内逍遙が記したものが残っている。

自分の見る所では、氏〔橘静二〕は東京ッ子で、才子で、中々遣手で、計画が得意だ。経営の手腕もあって、殊に大学制度の取調は其専修事業である。米国の大学廻りをしてから欧州に入り、前学長に随って列国を廻る間も専ら大学視察に意を注いでゐた経歴上からも純乎たるハイカラであるべきだが其生来が派手好きである。野球なぞも大好き、江戸ッ子だけに祭礼風の事が好きである。で、どうかすると脱線して、いふ事が虚喝となり、する事が虚栄となり、一寸煽動家ともなり、一寸陰謀家ともなり、官僚臭を帯ぶが、其本来性からいふと、空想家で、むしろ無邪気で、誰れやらが稚気に富み、衒気に富み、匠気に富むと評したが、さうも言へる。（『早稲田大学史紀要』第九巻）

プロテスタンツのメンバーは、橘に大学改革案の作成を依頼する。坪内が記しているように、海外状況にまで明るい大学経営のプロであり、さらに前学長秘書として早稲田大学の事情に精通しているというのが理由であった。

ただし、坪内が「いう事が虚喝」「する事が虚栄」「空想家」などと評している通り、その気質そのままの改革原案が橋から提出される。それは早稲田大学とは別の大学を設立し、そこで理想の教育を実行しようという、あまりにも現実から遊離し実現可能とは到底思えない内容であった。村岡もさすがにこれは問題があると考え、妥協案を橋に迫る。このことについては橋自身が、次のように回想している。

村岡典嗣君は、あのプロテスタンツ原案が到底この世のものでないと思つたのでせうか、原案配布早々から殆ど毎日のやうに、僕の顔を見るごとに、妥協案を以て僕を口説きつつあつたのです。村岡君は首脳部の実力と実情とについて僕ほどの失望を感じなかつたでせうし、また現在の教授会、評議委員会、維持委員会などの実力実情についても過信してゐたのです。これは過信するのがむしろ当然でせう。僕は僕の特殊の境遇からその真価を知つてゐたために、現在のなにものをも根拠としない根本的絶対的改革でなければ駄目であることを知つてゐたのです。村岡君の、現在の教授会を基礎としてもっぱら権力をこれに収めるといふ案を主張し、不能な教授会を基礎として、早稲田大学を改革しようといふのは、僕の眼からは空中楼閣を描くのに均しかつたのです。

（原輝史『大学改革の先駆者　橋静二――業は急ぐに破れ、怠るに荒む』）

その後、有志による検討も経て、最終的に村岡、橋による「妥協案」が成立する。その「本旨」は、次のようなものであった。

案の本旨は、立憲的校憲を定め、教授上万般の実質の改善をはかるにあるは言ふまでもなし。その校憲の要領は、改善せられたる教授会を根底として、その互選にかかる常議員会を催け、さらに常議員会の互選によりて総長を戴き、総長は、常議員等を補佐として教授会の決議にもとづいて校務の一切を遂行するにあり。次に教授を学校専任者にかぎることを主として、その他二三の条件を設けて従来の如き有名無実の教授会を整理改造すること、図書館研究室の制度設備を完備ならしむること、教授訓育上の改善を計ること等諸方面にわたり、第三に高田博士を新制度の総長として戴き、博士の運用によりて真に立憲自治の政を行ひうるの訓練をつまむことを前提的希望とせり。而して教授職員等の人選についても、合理的根底にもとづいて参考案を作りて之を附しぬ。

（村岡典嗣「早稲田大学改革運動史」）

こうして改革の主旨が明文化されたことにより、プロテスタンツは具体的な行動に移っていく。それは高田のもとを訪れ、学長に復帰してもらうよう説得することであった。その説得者の一人は、改革案作成に深く関わった村岡であった。

広がる騒動

そしてこの動きが、大学首脳部に届いたことにより、本格的に「騒動」の様相を呈していく。吹田順助は次のように回想する。

村岡の在校中、早稲田に学校騒動のおきたことがある。そのいきさつは今ではもうはっきり覚えていないが、原因は何でも保守頑迷の守旧派を向うに廻して、早稲田の学制、学風を一新せんとするに存していたらしく、刷新派は高田早苗さんを学長として仰ごうとしていたようである。
（吹田順助「村岡典嗣君を憶ふ――覚え書き風に」）

天野学長を支持する「守旧派」と、高田を学長に復帰させようとする「刷新派」とに二分され、大正六（一九一七）年には、ほぼ一年間にわたり両者の攻防が展開されるようになる。

次第に学外にもこの騒動が波及し始める。六月には「早稲田大学校友会」名で都下の各新聞社に怪文書が配布され、校友会系の『中央新聞』には「早大騒ぐ」「天野学長排斥運動」「高田博士の復活と新学長擁護」の見出しで記事が載るに至って、早稲田の騒動は早稲田関係代議士、維持員、評議員、校友、教職員、学生を巻き込む大騒動に発展していった。

これが所謂「早稲田騒動」である。

プロテスタンツは、「何としても高田先生の出馬を見なければ大学の前途は見込はありません。吾人は弾劾文の手前、先生出でずんば、現首脳部去るか吾れ去るかといふ形勢に事件を移さなければならないのでありますが、それはただちに早稲田大学の破滅を意味します」（原輝史『大学改革の先駆者橘静二』）という強要に近い説得を行ったが、最終的に、高田は学長復帰を固辞してしまう。

一方で、総長である大隈重信は事態収束のため、天野に辞職勧告を出すが、天野はこれを拒否する。

そこで八月に重鎮会議を開いて、任期満了とともに天野の再任を認めず、当分の間、学長を置かず、総長の下に万端を処理する方針を固めた。

ところが天野派は、天野の任期満了の八月三十一日を迎えても盛んに講演会を繰り返し、さらには数日間にわたって大講堂を占拠するなど抵抗を続けた。

ここでも『人生劇場』から、該当すると思われる箇所を抜き出したい。場面は、まさにこの大講堂であり、徐々に生徒の中で意見の対立がみられるようになってきている。なお文中の、「西野」は天野学長、「白川」は高田名誉学長のことを指すと思われる。

「ただいま、西野博士のために戦ってきたとおっしゃいましたが、果たしてそうですか?」

「もちろん」……

「果たしてそうならば西野博士を毒するものであります。あなたは西野博士に禍のかかることを避けねばならんとおっしゃいましたが、しかし、西野博士のためにということを標榜《ひょうぼう》して起こった運動が善かれ悪しかれ西野博士に影響しないとしたら嘘でありましょう、——ところが、われわれは最初から西野派でも白川派でもありません」

「じゃあ、何だ!」

武断派の学生がひとり肩を怒らして立ち上がった。

「学生であります、ワセダ大学の学生であります」

吹岡は決然たる調子をふくめて言った。「われわれは西野博士のために動いているのではない、

——学の独立を守るために動いているのである。」……

演壇の前へ、極度に緊張した顔がぬっとあらわれた。青成瓢吉である。

「一言いうべきことがあります」

(彼の声はかすれていた)

「何か！」

「——われわれは言論を尊重します、今こそあらゆる問題を言論によって解決すべきときである、われわれが学校を改造するにあたって、もし政党の力にたよることが必要であるとしたら学問の独立はどこにありや、——今こそわれらは」

瓢吉の右手が聴衆の前で水ぐるまのようにまわるのが見えた。「——われらは学生の運動にかえるべきである」

拍手が、烈しい叫び声とともに起こった。(尾崎士郎『人生劇場』)

現実に戻る。

大隈が早稲田大学を廃校にする決意をしたという噂が伝わることで、天野派も大講堂の占拠を解除する。天野派の一人であった石橋湛山《いしばしたんざん》は、「真に廃校と決定されたとすれば、我々の立場は無い。何となれば、我々は学校を改善しようとして戦っているのに、その我々の運動が学校をつぶす結果を生んだのでは、理非はとにかく、学生にも、校友にも、世間にも、申し訳が無い」(石橋湛山「大正六年の早稲田騒動」『石橋湛山全集』)と述べている。

結局、天野は学校を辞めることになるが、その他にも、騒動を大きくしたという理由から、「守旧派」の五人の教授が解職処分となる。この決定については、〝敵〟であった「刷新派」も疑問を持ち、村岡、橘ら五名のプロテスタンツ関係者は、決定を下した委員会・理事等に不信任を表明して辞表を提出した。九月五日のことであった。

騒動終盤には、プロテスタンツは脱退者が相次ぎ、人数は大幅に減少していたが、村岡は最後まで初志を貫徹したことになる。なお関わった学生数名も退学処分、ないし自主退学をした。

最後に、「青成瓢吉」が退学を決意した『人生劇場』の場面を引用する。

「ところで、――これからどうする?」

横井が眼をしばだたいた。

「何を――?」

「学校だ」

「ああ、あれは」

瓢吉が横合いからさけんだ。

「これでもうおさらばだ」

「じゃあ、やめるのか?」

「ああ、やめるよ」

「やめてどうする？」

「どうするって――どうなるかわかるもんか、瓢々乎《ひょうひょうこ》たり青成瓢吉だ、君知るや、われはこれ人生に舞い落つる一片の木の葉に似たりだ」

「ほんとうによすのか？」

「こんな学校に何の魅力ありや、――おれは今夜こそ決心したぞ」


（尾崎士郎『人生劇場』）

2 波多野精一から受け継いだ学問的精神

青成瓢吉は、「こんな学校に何の魅力ありや」とつぶやき、早稲田大学を去る。では村岡が辞表を出した理由は何だったのだろうか。そもそもこの「早稲田騒動」に、なぜ村岡はここまでの情熱をもって、関わったのだろうか。

「大学の本質」

実は村岡は、このことが窺える「大学の本質と文化史上の意義」という手記を書き残している。これは早大辞職後半年以内に書かれたもので、橘静二が、同じく辞任後のわずか一ヶ月後に刊行し始めた雑誌『大学及大学生』（大正七年四月）に掲載された。ただし、直接早稲田大学ならびに「早稲田騒動」を対象とした内容ではなく、普遍的な論考の体を成している（村岡哲「橘静二と村岡典嗣」）。

「大学は真理の討究に於いて、始めて存立の意義を有する」で始まるこの文章は、「大学の教育」も、当然「真理の討究」とする。「大学の徳育」は、「真の人格的自営」にあり、「大学の智育」は、「真の自発的研究」にあるとし、これらは「文化向上」という目的にも拡充されるとし、次のように述べる。

学問、文化、教育の三条件は、大学に於ては、学問を中心として統一され、かつ完了される。けだし、教育と文化の理想は、時によりて処によりて、なほ変化することもある。併し、真理は絶対である。真理の討究は永久の努力である。この努力に於いてのみ、大学は不朽の生命に生きる。

（「大学の本質と文化史上の意義」『東洋哲学』二五巻、一九一八年）

波多野精一の学問的精神

「早稲田騒動」の真っ只中の七月十五日、村岡は波多野を訪問している。そこでは、「学校の改善」という点においては村岡と同意見であった波多野は、村岡の「労」を「諒としたり」と述べたという。波多野自身はこの運動に直接関わることはなかったが、精神的には村岡らの活動に共感していたのである。

それを証明するように、波多野は騒動後の九月十六日、退職願を提出して、十七年間奉職した大学に別れを告げた。村岡辞職の十一日後のことである。

波多野が世間を騒がしたこの事件をどのように見ていたのかは、仙台にいる若き田辺元に宛てた二通の書簡から、よりつまびらかに知ることができる。まず辞職する一カ月前の八月三日付けの書簡で波多野は、事件を「要は天野といふ人が学校の目的も将来も眼中になく凡てを犠牲にして学長の位置を得むとする陰謀よりも生じたる騒動」と概略し、「実ににが〳〵しき至り」と感想を述べている。そして辞職した翌日の九月十七日には、次のように書き記している。

早大は其従来の態度方針の必然的結果としてこゝに立至りたるにて、今や精神的に全く死滅し残るは虚偽の塊あるのみに候……要するに小生等が微力を以て代表したる philosophical spirit は早大に於て外的には全く敗北ししかも此度の大騒擾によつて内的の勝利を示したるものに候

（田辺元宛「書簡」大正六年九月十七日付『波多野精一全集』第六巻）

波多野においてなによりも問題だったのは〝philosophical spirit〟であった。それは村岡の言う「大学の本質は真理の討究にある」に他ならなかった。

弟子による波多野評

波多野の愛弟子、松村克己は、波多野について次のようなエピソードを述べている。

私事に亙つて恐縮であるが、叱られて深く教へられまた励まされた経験である。併し事柄は先生の学問形成の秘められた一端を明らかにする。二十一年の夏のこと。先生をお訪ねして四方山の話の序でに、私はある書店から頼まれた書物のために、原稿を半分書いたまゝ中断されて困つてゐるということを漏した。当時戦後の出版洪水の中で書物は出さへすれば何でも売れたので、私もおだ

てられて柄にもなく「学問の道」というやうなものを書きかけてゐたのであるが、いはゞこのやうな余技に割かれる時間が惜しく、為すべき事は次第に果されずに重圧を感じてゐたのである。先生の様子が急に変つた。それでも鈍い私はまだ初めの間は気が付かないでゐた。「本屋の雇はれ仕事なんざあ断然断り給へ、君がそんなものを書いて出したら僕は今迄の君を見直すよ、軽蔑する」と云はれてハッと気がついた途端に、何とも恐縮する外はなかつた。云はれる迄もなく事理は明瞭である。道草なんか食つてゐて学問は出来るものではない。今は特にそんな時ではない、と云はれるのである。この事は既に大学院入学の当時、先生のお宅に伺つた時にも注意されてゐた事であつた。学問の道は生易しいことでは完うされない。不人情は困るが強いて非人情にならなくては出来ない。と云はれたことを想起する。先生は之を貫かれたのであつた。

（松村克己「晩年の波多野先生」『哲学研究』）

村岡は、こうした学問的精神を、波多野はもちろんのこと、大隈重信や、そして幼少期に薫陶を受けた佐佐木弘綱・信綱からも強く受け継いでいた。なぜなら村岡は、弘綱の師匠であった足代弘訓《あじろひろのり》の自警七条を、生涯の自戒としていたからである。

一、人をあざむくために学問すべからざること
一、人と争ふために学問すべからざること

一、人をそしるために学問すべからざること
一、人の邪魔するために学問すべからざること
一、己が自慢するために学問すべからざること
一、名を得るために学問すまじきこと
一、利を貪るために学問すまじきこと

（村岡晳「波多野精一博士のこと」『史想・随想・回想』）

村岡にとってこうした醇乎たる学問的精神こそが「俗中の真」であり、それが「死滅」した大学にあるのは「虚偽の塊」のみであった。もはや、早稲田に止まる意味は、当然なかったのである。

第五章　東北帝国大学における日本思想史

1　欧州留学

広島高等師範学校

大正八（一九一九）年に村岡は、広島高等師範学校の講師として迎えられ、翌年には教授に就任する。これは、当時京都帝国大学に在職していた波多野精一の同僚であり、『本居宣長』を高く評価していた経済史学者内田銀蔵《うちだぎんぞう》や、西晋一郎の推薦があったという。波多野は次のように記している。

広島高等師範学校が、学歴も、一般の考へよりいへば、貧弱である君を一躍講師、間もなく教授に迎へたのは、実に画期的の美挙で、特に力を入れてくれた故内田銀蔵君、西晋一郎君の両君の公平無私な態度は、私の今日まで敬服と感謝とをもつておもひ起す学界の美談であります。

（香川鉄蔵宛「書簡」昭和二十一年四月二十五日『波多野精一全集』第六巻）

広島高等師範学校は、明治三十五（一九〇二）年四月に設置された学校である。「高等師範学校」とは、主に中学校・高等学校の教員を養成する学校で、村岡が着任する前年の大正七（一九一八）年に「徳育専攻科」が設置された。二年間で構成されている徳育専攻科は、第一学年では、修身（日本道徳、東洋道徳、西洋道徳及倫理学）、教育学、心理学、哲学、社会学、法制経済、国史を学び、第二学年になると「日本道徳及東洋道徳」「西洋道徳及倫理学」「教育学及心理学」の三コースに分かれて研究を進めるというカリキュラムであった。

本村昌文によると、村岡は主に日本道徳に関する講義を担当していたということで、残された講義ノート（第三回訂正草稿）によると大正十（一九二一）年度の講義構成は以下のようなものであった。

緒言
序論
　第一節　国民道徳テフ概念ノ意義
　第二節　日本道徳思想ノ歴史的研究ノ意義ト目的
前編　日本道徳思想史ノ学問的性質トソノ研究法
　第一章　文献学トシテノ考察

第一節　Philologie ノ学問的成立トソノ本質
第二節　我国ニ於ケル古学ノ一
第三節　我国ニ於ケル古学ノ二
第四節　我国ニ於ケル古学ノ三
第五節　我国ニ於ケル古学ノ四
第六節　結論
第二章　史的文化学トシテノ考察
第一節　学問ノ分類ト史的文化学
第二節　史的文化学ノ本質ト国民道徳史
第三節　歴史的客観性
第三章　日本道徳史ノ研究方法
序　研究方法ヲ考フルノ必要
第一節　研究資料ノ整理
第二節　研究資料ノ釈義及ヒ了解
第三節　研究の実際的態度
後編　上代道徳思想ノ研究
序　日本道徳史ノ区画ト上世ノ範囲

第一章　上正道徳思想史ノ quellen トソノ批判
第二章　太古ノ思想
第三章　上世前期ニ於ケル道徳意識ノ発達
（「日本道徳史」東北大学史料館所蔵）

「研究方法」に一章を取っているのが特徴的だが、村岡はこの「緒言」で、「Sein Wissenschaftlich」、すなわち「科学的」であることを強調している。そして「新タナル学問」を構築することが目的のため、「研究法」に重点を置いていることを述べ、さらに次のように続ける。

諸君カ聴講ノ用意モ又単ニ既成ノ知識ヲ受入レルトイフ態度テナクテ、ドコマテモトモニ能動的ニ研究スルトイフノテアラネバナラヌ。相トモニスル真理ノ探求、ココニ凡テノ学問ノ意義ハ存シ、又学問教育ニオケル講義ノ意義カ存スル（講義ハ百科全書的知識ヲ与フルヲ目的トセヌ）。要スルニコレ研究的ノ一語ニツキル。
（「日本道徳史」）

この講義は、「百科全書」に書かれている知識を教師が学生に与えることを目的とはせず、学生自身が能動的に研究することを求めている。なぜならば、学問の意義とは、「真理探求」の一語に尽きるからである（以上、本村昌文「村岡典嗣「Plato ノ Staat ノ研究」に関する一考察」を参照）。

なお大正十年とは、村岡にとって広島高等師範学校最後の年であり、東北帝国大学への異動も決まっていたであろう時期である。したがって、この「真理の討究」は、広島高等師範学校で将来の先生となるべく学生のみならず、東北帝大の大学生をも見据えての内容であったと考えられる。

インフレ

大正十一（一九二二）年、村岡は東北帝国大学の教授に招聘される。

なお内定直後の四月二十九日より、文化史学研究のため、二年間の在外研究として、ドイツ、フランス、イギリスを中心とするヨーロッパ留学を命ぜられる。そこではドイツの神学者であるトレルチや日本学者のフローレンツなどの現地の研究者のもとを訪れ、知見を広げている。

村岡が在外研究のためにヨーロッパに赴いたのとほぼ同じ時期に、三木清《みききよし》、九鬼周造《くきしゅうぞう》、天野貞祐《あまのていゆう》、小牧健夫、成瀬無極《なるせむきょく》、実吉捷郎《さねよしはやお》、伊藤吉之助、小山鞆絵《おやまともえ》、斎藤茂吉、阿部次郎、小宮豊隆《こみやとよたか》、羽仁五郎《はにごろう》、石原謙など、錚々たる顔触れがヨーロッパ留学を果たしている。この時期は、とくにドイツが史上空前のインフレに見舞われていた頃で、日本からの留学生は随分裕福な生活ができたようである。

たとえば、三木清は、マールブルクで、レーヴィットとガダマーから、私宅講義を受けていた。こうしたことはこの空前絶後のドイツのインフレを背景にして初めて理解できる。この頃の留学生の一人に吹田順助がいるが、吹田は、当時のインフレについて、次のように記している。

> 私がドイツへ行ったのは、第一次世界大戦終結後の三年目、いわゆるインフレーションの始まりかけた頃である。……
>
> 私たちがベルリンに着いた頃は、その後の一、二年後には収拾すべからざる程度にまで進んだイ

ンフレーションがソロソロ始まりかけた時分である。日本を出発する前に、ドイツのマルク（正規の価格は当時の日本貨の約五十銭に相当していた）が安く買えるというので、同行の友人たちと共に正金（横浜正金銀行）かどこかに買いに行ったら、一マルク二銭であったのが、ドイツへ着いた頃は一銭に低下していた。そのくらいはまだよかった方で、それから暫くすると、日に日に、日に月に、マルク（従ってオーストリーのクローネも）の為替相場は下がる一方、毎朝披《ひら》いてみる新聞の第一面の見出しに、マルクのヴァルータ（貨幣の交換価値）が英貨のポンドとの対比において大活字でもって印刷されていた。銀行へ行って信用状か何かによって金を引き出しに行った連中は、分厚なマルク紙幣を持ち合わせの新聞か何かで包み、紐か縄かでゆわえて持って帰るような始末であった。そういう状勢だったから、外国人には頗る都合がよく、とりわけアメリカ人などは大分ドイツへつめかけて来て、ぜいたく三昧をやっていたらしく、日本からも官吏、会社員、教授連の観光や視察や留学でやってくる者、ひきも切らず、私などは日本にいて滅多に会えなかった同窓の知人などに、ベルリンへやって来て、却ってひんぱんにでっくわしたものである。

（吹田順助『旅人の夜の歌——自伝』）

こうしたマルクのインフレの只中で、日本の留学生の行動で顕著なのが、書物の購入であり、村岡も例外ではなかった。

書物の購入

大正十一（一九二二）年七月十三日にマルセイユ上陸後、ストラスブール、ハイデルベルク、フランクフルトアムマインを経てベルリンに着いた村岡は、阿部次郎が滞在していた下宿に居を定め、数日後には古本屋めぐりを始めている。ベルリンでは阿部や小宮豊隆など東北帝国大学法文学部関係者が集い、図書の購入の相談などを行っていた。

東北帝国大学創立25周年記念貴重書展（附属図書館閲覧室）（昭和11年10月）（右から３人目が村岡）（東北大学史料館蔵）

あまりに安いので日本からの留学生は一人で数千部も購入する者もいて、村岡は、「独逸書物輸入時代」と呼べる時代が来るのではと述べている。

もちろんこうした書物は、大学のための購入であり、ひいてはこれからの日本のためにという意識のもと買い集められていたが、『東北大学五十年史』によると、「せっかく海外から送られてくる図書も、整理がおいつかない状態で、多くは箱詰のまま山積され」たということである。

なお村岡は、後に文部省より、東北帝国大学附属図書館長に補任されるが（昭和四年、四十五歳の時）、そのことに関連して村岡哲は次のように述べている。

〔父は〕蔵書の数も少ない方ではなく、また大学図書館の仕事に携わったこともあって書誌学にも関心をもっていたが、よく並べられる読書家、蔵書家、愛書家の三つのタイプからすれば、父はまずもっぱら内容を読むことを考える第一の型に属するものであったろう。書物の形体的方面である用紙とか印刷、装丁とかいう点にも頓着しないわけではなかったが、撫でさすったりして楽しむ愛書家ではなかった。ただ、「書物の真価は出版後五十年ぐらい経たなければ定まらない」という持論からこれらの点をも考えていたに過ぎぬようである。珍本、稀覯本といった古本あさりはほとんど唯一の道楽であり、この種のものも永年の間にかなり手に入れてはいたが、それは決して道楽のための道楽ではなく、いずれも専門の上から価値あり必要なものに限られていた。（村岡晳「読書人としての父典嗣を憶う」『史想・随想・回想』）

ここで息子によって「いずれも専門の上から価値あり必要なものに限られていた」と回想されているように、村岡自身は、自分で読まないであろう本は極力買わないようにし、日本関係のものを集中して集めた。収穫として特記しているのは「ワリンヤヌの日本記事」、旅行で訪れたドレスデンでは「バタヒヤ出版の古地図」、さらにロンドンではアーネスト・サトウの旧蔵書「元和板の下学集」を手に入れたという（高橋章則「村岡典嗣の「文献学」と聚書」）。

地震のことをきいた当時はそんな勇気もありませんでしたが、漸う落付いてきて、書物あさりをしてゐます。この際欧文の日本支那に関する書物は成可く多く買はうと思つて（東北大学の為に日々書店に通つてゐます。自分でも少々は買つてゐます。をかしなもので、時々和漢書が手にはいります。耶蘇教関係の漢籍なども買ひました。

（「倫敦より」『心の花』第二十八巻第一号）

ここで書かれている「地震」とは、大正十二（一九二三）年九月に起こった関東大震災のことである。家族を日本に残し、単身ヨーロッパに赴任していた村岡にとって、相当な衝撃と不安が襲ったことは想像に難くない。ただし妻子はその頃、京都帝国大学に勤めていた波多野の世話で、彼の自宅にほど近い京都に住んでいたため、幸い震災による被害を受けることはなかった。長男・晳は、当時のことを次のように回想している。

大正十一年父が文部省の在外研究員として二年間ヨーロッパに留学することになったので、その留守中の生活をこんどは京都で送ることになった。父が早大以来公私にわたり大変お世話になった波多野精一博士が京大におられ、そのご好意従《ママ》ったわけである。博士の御宅に近い洛北田中大堰町に住み、〔村岡晳は〕学校は御苑に近い京極校に転入した。

（村岡晳「八十余年の回顧」『続　史想・随想・回想』）

2 東北帝国大学着任と山田孝雄

二年間のヨーロッパ留学から帰国した村岡は、大正十三（一九二四）年四月二十五日、三十九歳で、東北帝国大学法文学部教授に着任する。文化史学第一講座（日本思想史専攻）を担当し、九月から「普通講義」として「日本思想史研究序論」を講じるようになる。これが村岡にとって東北帝大における初講義であった。また同年には「特殊講義」として「神道史概論」も受け持っている。これらの講義は、次のようなものであったという。

大学での講義

各一週二時間、年間約二〇週くらいを通例とした。講義は非常に速くかつ充実したもので、半年分の草稿は優に二—三〇〇頁の書物をなしえた。普通講義は毎年各時代の概説で何年かで一貫したが、三年に一回は専攻の学生の為にかならず研究序論（方法論）を講じた。

（『東北大学五十年史』）

質、量ともに講義の充実ぶりが窺える。こうして在野の研究者から始まった村岡の経歴は、「本質は真理の討究にある」という大学へ行き着いたのである。そして村岡は、東北帝大にて、ある人物を迎え、そして共に研鑽を積んでいくことになる。

山田孝雄

その人物とは、国語学者の山田孝雄《よしお》である。村岡の九歳上でありながら、東北帝国大学では一年後輩にあたる山田とは、どのような人物だったか。まずは山田の教え子でもあり、東北大学名誉教授であった佐藤喜代治の「山田孝雄伝」に沿って、その経歴をみていきたい。

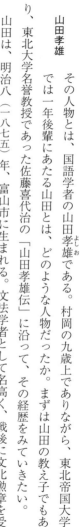

山田は、明治八（一八七五）年、富山市に生まれる。文法学者として名高く、戦後に文化勲章を受章する山田だが、その学者としての経歴は決してエリートコースとは言えないものであった。富山尋常中学校を一年で退学して、小学校授業生という職を得、小中学校に勤めながらほとんど独学で教員資格を取得する。兵庫、奈良の学校での勤務を経て、明治三十四（一九〇一）年五月、山田は高知の中学校に赴任する。

東北帝国大学法文学部本館（大正14年頃）
（東北大学史料館蔵）

そして中学校教諭をしながら、論文「日本文法論」を書き上げ、文部省に提出する。その後も、山田は『奈良朝文法史』などを出版し、上京して文部省国語調査委員会の補助委員を務めた後、大正九（一九二〇）年、上田《うえだ》万年《かずとし》の推挙で四十五歳にして日本大学の講師となる。そして大正十四（一九二五）年四月、東北帝国大学法文学部に招かれ、村岡の同僚となるのである。四十九歳の時であり、村岡着任の一年後のことであった。

最初は国文学講座の講師になるが、この時点での山田の最終

山田孝雄
（滝浦真人『山田孝雄——共同体の国学の夢』より）

学歴は尋常中学一年修了であり、学歴のない者が帝国大学の教員に採用されることはもちろん、講師の身分で講座を担当するのも希なことであった。着任から二年後には国文学第二講座（国語学）の教授となり、昭和八（一九三三）年まで在職する。

帝国大学出身ではなく、いわゆる在野での研究業績が評価されて大学に迎え入れられたという経歴は、村岡と共通している。また文献学を中心とした専門領域への近接から、村岡は、山田の活動には常に関心を払っていたのだろう。いわゆる大学アカデミズムの外部で活動していた山田を東北帝大が招聘し、さらに教授へ昇進させるという各局面において、村岡からの推薦が功を奏したといわれている。なお在任中の昭和四（一九二九）年、四半世紀以上前に提出した「日本文法論」により、東京帝国大学より文学博士号を授与されている。

東北帝大では、普通講義として「日本文法概論」を担当したが、「国語学は体系的な学問としてはまだ整っていない」として、国語学について講義は行うことができなかった。それがなされたのは、退官内定後のことであり、その際に「国語学史」を講じ、その内容は『国語学史要』として、東北帝国大学を退官した後の昭和十（一九三五）年に刊行される。

その後は、神宮皇学館大学学長や文部省国史編集準備委員会委員などを経て、昭和十九（一九四四）年に貴族院議員となり、終戦を迎える。昭和二十八（一九五三）年に文化功労者、昭和三十二（一九五七）年に文化勲章を授与される。昭和三十三（一九五八）年十一月二十日、結腸癌のため東北大学医学部付属病院にて没した。享年八十三歳。

山田の二面性

実は、山田には二面性があると捉えられている。滝浦真人は「山田という人物あるいは山田の学問が、いくつかの対立的な二つの顔を同時に持っていて、しかもその二つがしばしば両立しないように思われる」として、次のように述べる。

> 第一の対は、「国語学者」対「国学者」である。国語学者としての山田は、……現在でも生きていると言うことができる。それに対し、国学者としての山田は、戦前における国粋主義的言説に強く現れたが、それらの言説は敗戦とともに顧みられなくなった。そうすると、後世の評価においては、国語学者の山田は語れるが、国学者の山田は語れないという傾きになる。
>
> （滝浦真人『山田孝雄』）

山田の国語学、とくに日本語の文法の研究については、今でも高く評価されている。『日本語学研究事典』（飛田良文ほか編）の「山田孝雄」の項目では、「西洋文典からの借り物でなく、日本語に沈潜していくことによって、独自のしかも雄大な理論体系を構築した最初の近代的な文法論」を確立したと説明されている。また、平成二十（二〇〇八）年は、山田の没後五十周年ということで、東北大学国語学研究室主催で「山田文法の現代的意義」というシンポジウムが行われた。そこでパネラーの一人であった尾上圭介《おのえけいすけ》は、「文法論において問うべき最も根源的な問題と、それを考えていく視点は、ほぼすべて山田文法の中に用意されている」と述べている（滝浦真人『山田孝雄』）。

こうした国語学の経歴が戦後の文化勲章の授与に繋がっているが、一方で、戦後、要職から追放もされている。山田は、GHQによる占領統治下の昭和二十一（一九四六）年、勅令第百九号により公職追放の処分を受け、すべての公職から退いているのである（昭和二十六年に解除）。

これは「国学者」として戦中に皇国史観の確立と普及に努めたゆえである。

国学談話会と国学精神

山田が東北帝大に赴任してすぐの大正十四（一九二五）年六月、村岡は「国学談話会」というものを山田と共に結成する。この会は、村岡が主に担う文化史学第一講座（日本思想史専攻）の学生と、山田が担当の国文学第二講座（国語学専攻）の学生有志を対象としたもので、その内容の中心は、毎月一回、例会を開き研究発表をすることであった。

日本思想史と国語学の垣根を越えた知識の共有と親睦を目的としており、新入生の歓迎会や卒業生の送別会も開かれ、時には卒業生が訪れ発表をすることもあった。その他にも秋田地方（大正十五年十月）、足利や水戸（昭和三年十一月）、米沢（昭和六年四月）への旅行なども行われたようである。

村岡が東北帝大に入学した年に入学した重松信弘《しげまつのぶひろ》は、日本思想史専攻の第一期生としてこの会に参加しており、「その当時国学談話会と云ふ会が出来て、屢《しばしば》学生卒業生等が互いに研究発表をして、指導していただいたものであった」と回想し、次のように述べている。

国学に関する学問的興味は、東北帝国大学で山田孝雄先生村岡典嗣先生等の講義を拝聴し、且種々御指導を受けた時から持ちつづけてゐる。殊に山田先生から国学精神を、村岡先生からは国学の学問的意義殊に本居宣長の学問精神を、身にしみて承ることを得たのは、今から思へばこよなき幸であった。

（重松信弘『国学思想』）

「山田先生から国学精神を」とあるが、山田は自分のことを、最後の国学者と自認する人物であった。山田の「国学精神」がよく分かるのが、高知で中学校教諭をしていた時代に書いた「畢生の目的」と題された文章である。

冒頭、「余が目的は爵禄営利を求めるのではない。唯、人間として当然の道を尽すにあるのみ」とあり、その「当然の道」の三つが挙げられる。

第一家族として、

第二国民として、

第三人類として、

「家族として」の目的はただ「倫理的」でありたいことだとする山田は、「国民として」は「少々にても国家の進運を助けむこと」を願い、「国家の元気」の基としての教育を職業とする。そして、「人類として」学術研究を通じて文明に貢献することを宣言する。「学術」とは「唯真理の探究にあるのみ」として、「国の文献学」を専攻し、「今日より終生身を以て之に死せむと欲す」と決意のほどを書き付ける。

国の文献学を研究するは国の精神的歴史を明にし、国民の心的生活を明にするなり。これを以て日本文化の特質を公明に世界に告げ、一は又国家の自識を強むることをえば、余が世界に対し、国家に対して尽くすべき道の一端を献しえたるものといふべきなり。

（山田孝雄「畢生の目的」）

「国の文献学」という呼び方からも明らかなように、山田の志す文献学は、文献を対象とした訓詁注釈のみならず、自らの所属する日本という「国家の自識」の強化に繋がるものである。そして「この研究は今より四十年の予定を以て着手す」とし、人生の四十年をかけて四十巻にわたる『大日本文献通覧』という書物を著すという目標を掲げている。さらにこの『大日本文献通覧』の内訳も、以下のように詳細に記している。

第一部　個人編

第一　日本民族の哲学思想の変遷

第二　日本民族の宗教思想の変遷

第三　審美思想の変遷

第四　道徳思想の変遷

第五　日本民族の心的生活

第二部　社会編

第六　日本民族の国家思想の変遷

第七　国民理想の変遷

第八　社会意識の変遷

第九　社会思想の変遷（法制、経済等に関する）

第十　日本民族の社会的生活

外篇　文化編

第一部　語学篇《ママ》

第十一　日本声音学

第十二　日本声音史

第十三　日本言語史

体言部
用言部
助辞部
第十四　日本語法史
第十五　日本語学
第十六　日本語彙
第十七　外来語彙
第十八　日本修辞の変遷
第十九　作歌学の変遷
第二十　作文学の変遷
第二部　文学篇《ママ》
第二十一　日本文学概覧
第二十二　日本漢文学史
第二十三　日本散文学史
第二十四　日本律文学史
第三部　参考篇《ママ》
第二十五　日本宗教史

第二十六　日本美術史
第二十七　日本社会史
第二十八　日本学術史
第二十九　日本政治史
第三十　　日本制度史

（滝浦真人『山田孝雄──共同体の国学の夢』）

このように研究対象は、文献学のみならず国語学、国文学、国史学などにわたる。そして、右に掲げた三十冊に加え、「事業の中心たる語学文学の方面に大約十冊を増して通計四拾巻」とし、これを「毎年一冊づつ脱稿せむ」という計画であった。現実の山田は、生涯を通じて予定以上の約百冊の著書を上梓している。村岡が、このような強い思いを以て学問に打ち込む同僚とともにいることで、大きな影響を受けたことは間違いないだろう。

なお「国学談話会」は、昭和九（一九三四）年三月まで続き、岡崎義恵、古田良一といった教授もたびたび出席していたが、創設から閉会まで、村岡、山田の両人が最後まで中心として指導にあたった。そして、昭和八（一九三三）年、山田が東北帝大を退官したことによって、終了を迎える。

芭蕉俳諧研究会

研究対象が近いこともあり、この二人は、よほど気が合ったのだろう。「芭蕉俳諧研究会」にも、村岡と山田はそろって参加している。

この会は、村岡らが創ったものではなく、阿部次郎と小宮豊隆が始めたものである。もともと阿部が東京にいるころから続けていた会で、ヨーロッパ留学から先に帰国していた阿部が、小宮が帰ってきたタイミングで、興味あるひとたちを集めて再開したというものである。なお村岡は、留学の際に一時阿部と同じ宿舎に泊まり、小宮とともに古書めぐりをした仲であり、すでに知己の間柄であった。そして山田と阿部も、深い友情を育んでいく。戦後公職追放の処分を受けた山田に対して、別荘を移築した家を提供したのが阿部であり、さらに昭和二十四(一九四九)年九月、阿部は自ら設立した「日本文化研究所」に顧問として山田を迎え入れ、芭蕉の俳諧の辞典作成を依頼したのである。

仙台での研究会の第一回は、大正十五(一九二六)年五月三十日に、阿部、小宮、村岡、山田以外にも、土井光知、岡崎義恵、太田正雄、小牧健夫といったメンバーが集まり、仙台市太白区にある「東洋館」を会場に行われた。なお単なる趣味人の集まりにとどまらず、岩波書店刊行の雑誌『思想』にて、毎月この会の速記録が掲載され、開催費用も岩波書店が出していた。

月に一回の開催で、対象は、芭蕉だけではなく、井原西鶴、連歌、古事記、日本書紀の歌などに及んだ。その内容として、たとえば第二回の速記録では次のような議論が交わされている。

「ゆうふめしにかますご喰へは風薫」に対する、芭蕉の「蛙の口処《くちど》をかきて気味よき」をめぐって

孝雄　私の言ひたいのは、芭蕉が此句を作るまでに或手続きがある、それを出したいのです。

豊隆　それを我々が考へて見る事に異論はないのですが、唯それをエムファサイズすると、此句の味が純粋に味はれないといふのです。

義恵　この附味は芭蕉の代表的なものでせう。「ひびき」「にほひ」でずばりと行つてゐます。

豊隆　僕も実にうまい附句だと思ひます。

典嗣　それはさうだろう。然し芭蕉が此句を作つた時、芭蕉の脳裏にどういふ意識が動いてゐたかを僕は知りたいんだ。

豊隆　それは可いが、此句それ自身の持つてゐる味は、その芭蕉の脳裏に動いてゐた意識の道程を、さう問題にさせない種類の味だと思ふんだがな。

次郎　僕が説明したやうな工合に芭蕉の意識は動いて行つたかもしれないよ。

孝雄　兎に角此句はたしかにうまいものですね。ただいかに芭蕉が名人でも手続を経ずして作ることはありますまい。そいつをはつきりさせたいと私等に思ふのです。

典嗣　僕から見ると、感じ感じと君等がいつてゐるのは、却つて作者の想を抽象するものと思はれる。僕はもつと具体的にはつきりさせたいといふ気がする。

次郎　感覚の直接な表現は、君、抽象ぢやないよ。文学的立場から云へば、それが一番具体的なのだ。

典嗣　具体的ぢやないよ。句に含まれた実際のプロセスを再現しないで、それで所謂感じがビビットになる、言換れば、真の感じが了解されるとは僕は思はんね。

（『思想』第六十二号。傍点原文）

このようなかなり刺激的な意見交換がなされており、阿部自身は、「(学生に)談話も駄ジヤレも全て筆記させた。脚本的になつておもしろいものだつた」(『阿部次郎全集』十七巻)と自賛していたが、小宮と古い知り合いで、昭和二(一九二七)年に東北帝国大学に助教授として赴任した河野與一の回想によると、「二度や三度なら座興として歓迎されそうな読物」であったが、二年も続いたことで、「いい気なものだ」というのが内々の正直な評価であり、読者からも文句が出たことで、『思想』編集をやっていた三木清や林達夫は持ちあぐんでとうとう岩波さんに頼んで断わって貰ったところが、岩波さんは逆にえらく「阿部小宮」に叱られたということだった」(河野與一『続 学問の曲り角』)。『思想』には、大正十五年八月号から昭和三年七月号までに十六回掲載され、研究会自体はその後、昭和五(一九三〇)年四月三十日までの四年にわたって、総計四十四回開催された。

3 明治以降の「日本思想」

ここから、東北帝大時代の村岡の「日本思想史」研究に目を向けていきたい。ただしその前提として、村岡は「日本思想史」専攻の教授であったが、そもそも当時、「日本」ならびに「日本思想」を対象とした研究とは、どのようなものだったのか。ここで明治以降の流れを確認しておきたい。

「国粋主義」

明治初頭にこそ、神道国教化といった復古的動きが見られたが、明治十六(一八八三)年に完成した鹿鳴館に象徴されるように、基本的に明治政府主導の思想は、近代化という名のもとの欧化主義であった。目標とし、作り上げるべき国家とは、西洋のそれに他ならなかったためである。

しかしそれに対して明治二十年代以降に、自分たちが生きる国の長所や伝統的価値を認め、発展させようという動きが若者を中心に起こってくる。志賀重昂《しがしげたか》、三宅雪嶺《みやけせつれい》、井上円了《いのうええんりょう》、杉浦重剛《すぎうらしげたか》らによる政教社が唱導した「国粋保存旨義《しぎ》（主義）」運動は、その中心であった。

志賀は、雑誌『日本人』第二号（明治二十一年四月十八日刊）に掲載した「『日本人』が懐抱《かいほう》する処《ところ》の旨義を告白す」の冒頭で「国粋主義（旨義）」とはなにかを次のように定義している。

我日本の海島は温帯圏裡の中央に点綴し、其沿岸は均しく是れ温暖潮流の洗ふ処となり。天候和煦、風土潤沢なるを以て桜花此処に爛発し旭日と相映ずる処、一双の丹頂鶴が其間に翺翔するの状を倩視すれば、人をして自から優婉高尚なる観念を養成せしむる事ならん、而して又日本の海島を環繞せる天文、地文、風土、気象、寒温、燥湿、地質、水陸の配置、山系、河系、動物、植物、景色等の万般なる囲外物の感化と、化学的の反応と、千年万年の習慣、視聴、経歴とは、蓋し這裡に生息し這際に来往し這般を覩聞せる大和民族をして、冥々隠約の間に一種特殊なる国粋（Nationality）を剏成発達せしめたる事ならん。（「『日本人』が懐抱する処の旨義を告白す」『志賀重昂全集』第一巻）

日本人がその独自の風土歴史の中で古来保持し続けた特質、とりわけ、美しい山河と温暖な気候の中ではぐくまれた美的観念こそが「国粋（Nationality）」であり、これを未来にわたって継承発展させていかなければならないと志賀は述べる。そしてこの「国粋主義（旨義）」は、特殊日本的価値を排他的に主張するものではなかった。

徹頭徹尾日本固有の旧分子を保存し旧原素を維持せんと欲するものに非ず、只泰西《たいせい》の開化を輸入し来るも、日本国粋なる胃官を以て之を咀嚼《そしゃく》し之を消化し、日本なる身体に同化せしめんとする者也。
（「『日本人』が懐抱する処の旨義を告白す」）

欧化それ自体に反対を示すものではなく、主体的な西洋文明の選択的摂取により、日本在来の文化や思潮をより大きく育てていくべきという考えであった。

日清戦争から の「日本主義」

近代日本にとって初めての本格的対外戦争である日清戦争（明治二十七〜二十八年）の勝利と植民地の獲得は、一部の知識人だけではなく、民衆レベルまで「国民」意識を高揚させた。

明治二十七、八年戦役、すなわち日清戦争は、私の十歳ごろに当るので、記憶はいくらかはっきりしている。その都度の戦いの報道は、新聞や号外で伝えられ、いわゆる「連戦連勝」は大きな活字で紙面を飾り、名将勇卒の武勲は三枚続きの錦絵として、その頃あった絵双紙やの店頭に掲げられ、緒戦の火ぶたを切った松崎大尉とか、忠勇なる喇叭卒《らっぱそつ》とか、平壌の城門を押し開いた原田重吉とかの名前は、一代のヒーローとして讃嘆された。……

日本は戦さに強い国、日本人は忠勇無双の国民であるというような観念は、皇国思想と共に、その頃の少年のみならず、一般人の間にも植えつけられ、戦争そのものに対する批判とか戦争の悲惨な方面などは、むろん一般人には知らされず、ジャーナリズムの面にもいっこう表示されなかった。

（吹田順助『旅人の夜の歌――自伝』）

すでに第一章でも引用した吹田順助の回想である。他にも風刺作家として知られる生方《うぶかた》敏郎は、群馬県沼田で過ごした少年時代を回想して、「忠君愛国の標語が学校で叫ばれた抑《そもそも》の初めは、此頃即ち明治二十四五年頃であつたろう。だから、初めそれは学校児童のみの標語だつた。それが家庭にまで入り来り、町内の何んな者に迄も行き亘つたのは、日清戦争中のことであり、戦争が人々の心髄にまで之を打ち込んだのだつた」（『明治大正見聞史』）と述べている。

「皇国思想」「忠君愛国」という言葉が、戦争を通して徐々に一般に浸透していく様子が見てとれるが、当時の動向について先崎彰容《あきなか》は、次のように説明する。

日清戦争の勝利は、これまで文明開化の吸人口の役割をはたしてきた東京を、今度は世界へとうってでる情報発信基地として、いっそう魅力的な場所にした。東京はそして日本は、いまや世界へむけて拡大する意識をもちはじめていた。この拡大する日本の自意識を人々に伝えたのが、総合雑誌『太陽』であった。

（先崎彰容『高山樗牛――美とナショナリズム』）

明治三十一（一八九八）年四月、臨時増刊号として発行された『太陽』に、高山樗牛《ちょぎゅう》は「明治三十年史総論」という副題をもつ評論「明治思想の変遷」を掲載する。そこで高山は三十年間の日本の歩みをふりかえり、次のように述べている。

国家と世界との関係は如何に、個人と国家との関係は如何に、世界に邦し、国家に人となるに於て、国家と国民とは什麼《なに》の覚悟なかるべからざるか

（高山樗牛「明治思想の変遷――明治三十年史総論」『樗牛全集』第四巻）

高山は、明治維新とは、旧来の価値体系の喪失であり、国民を混乱させたが、この喪失と混乱から始まった三十年間は、個人にとって国家とはなにか、国際社会にとって日本とはなにか、をそれぞれ問わざるを得ない年月であったとする。

そして明治二十年代初頭の「国粋主義」に対して、「我国家国民の世界的位置と其前途と云ふ広大且つ厳粛なる問題に遭遇し、茲に其国民的大主義を樹立するの必要を自覚」（「明治思想の変遷――明治

三十年史総論』）したとして、「日本主義」の成立を求めた。高山は「日本主義」を次のように定義する。

国民的特性に本《ママ》ける自主独立の精神に拠りて建国当初の抱負を発揮せむことを目的とする所の道徳的原理、即是れなり。

（「日本主義」『樗牛全集』第四巻）

日本という国の存立を、国民の道徳的規範に求める高山は、君民一家、国祖崇拝、建国の抱負、国民団結を強調し、「日本主義は宗教にあらず、哲学にあらず、国民的実行道徳の原理なり」（「日本主義」）と主張するに至る。

「国民道徳」

すでに第三章でも言及した明治四十一（一九〇八）年刊行の芳賀矢一『国民性十論』は、以後の日本人論というべき議論の規矩《きく》を作ったと言われる（清水正之「日本思想史と解釈学（二）」）。

この書では日本人を、「忠君愛国」「祖先を崇び、家名を重んず」「現世的、実際的」「草木を愛し、自然を喜ぶ」「楽天洒落」「淡泊瀟洒《しょうしゃ》」「繊麗繊巧《せんれいせんこう》」「清浄潔白」「礼節作法」「温和寛恕」の十の特質から論じていく。とくに冒頭の「忠君愛国」では、西洋諸国の王、支那の天子と万世一系の天皇との違いに触れ、皇室に対するマゴコロとしての忠の観念の変遷を、神話や平安文学、武士道を例に論じている。日本の「国家的観念」は、西洋諸国のように「拵《こしら》え」られたものではなく、「国土と皇室とは神話以来離るべからざるもの」であり、「国の為」と「君の為」とは同一であるとしている。

久松潜一が、「国民性十論が発表されてから此の書の見解はそれ以後の国民性研究に極めて多くの影響を与へた。のみならずこの書の出現した事があらゆる方面の学者に国民性研究を促進したと言ふ事が言へるであらう」（生松敬三編『三宅雪嶺　芳賀矢一　日本人論』収載の生松敬三「解題」より）と指摘しているように、『国民性十論』は刊行から二十年間のうちに二十二版を重ねるベストセラーとなり、さらにいわゆる「国民道徳論」の一連の運動を惹起《じゃっき》することになる。苅部直は、次のように説明する。

……明治時代の後半には、「国民道徳論」を主題とした著作が哲学者や教育者によって盛んに書かれるようになる。その代表者は、東京帝国大学文学部哲学科の教授を務めた井上哲次郎だった。

井上の著者『国民道徳概論』（一九一二年）は、「民族的精神の顕現」としての「国民道徳」について、東京帝国大学などで行った講義の記録である。……ここに言う「民族的精神」は、日本の国家の始まりから、「万世一系の皇統」に基礎づけられた「国体」の持続と並行して、「日本人」が伝えてきたモラルと考えられている。

（苅部直『日本思想史への道案内』）

「個人主義」

『国民性十論』は、「文明が互いに影響し、倶に融和しつつある」今、「個人主義、世界主義、社会主義」が国民の間に広まりつつあるが、海外の影響のなかにある美徳と欠点を選り分けることで、日本の「真に多望の前途」を望むことができるとして終わっている。

しかし、ここで芳賀が懸念しているように、とくに大正時代以降、知識青年を中心に、「個人主義」

「社会主義」に傾き、「日本主義」や「国民道徳」は退潮していく。第一次世界大戦が勃発してから約四カ月後の大正三（一九一四）年十一月二十五日、夏目漱石は「私の個人主義」と題した講演を行っている。

何だか個人主義というとちょっと国家主義の反対で、それを打ち壊すように取られますが、そんな理窟《りくつ》の立たない漫然《まんぜん》としたものではないのです。いったい何々主義という事は私のあまり好まないところで、人間がそう一つ主義に片づけられるものではあるまいとは思いますが、説明のためですから、ここにはやむをえず、主義という文字の下にいろいろの事を申し上げます。ある人は今の日本はどうしても国家主義でなければ立ち行かないように云いふらしまたそう考えています。しかも個人主義なるものを蹂躙《じゅうりん》しなければ国家が亡《ほろ》びるような事を唱道するものも少なくはありません。けれどもそんな馬鹿気たはずはけっしてありようがないのです。事実私共は国家主義でもあり、世界主義でもあり、同時にまた個人主義でもあるのであります。

（夏目漱石「私の個人主義」）

ここから、「国家主義」に対抗する「個人主義」という言葉が、すでに人口に膾炙《かいしゃ》していることが読み取れる。またほぼ同時期に、既存の価値観へ懐疑の目を向ける「自然主義」も湧き起こっていた。

「自然主義」と和辻哲郎　日本における自然主義文学は、日露戦争後の明治三十九（一九〇六）年に、島崎藤村『破戒』が出現することによってほぼ確立し、翌年の田山花袋『蒲団』によって決定的となったとされている。実際に、二葉亭四迷は、明治四十（一九〇七）年に発表した自伝的小説「平凡」にて、次のように書いている。

近頃は自然主義とか云って、何でも作者の経験した愚にも附かぬ事を、聊かも技巧を加へず、有の儘に、だらだらと、牛の涎のやうに書くのが流行るさうだ。

（二葉亭四迷「平凡」）

「自然主義」の流行が、「平凡な者が平凡な筆で平凡な半生を叙する」ことを、自嘲気味ではあるが決断させる。また同時期に森鷗外も、次のような描写を残している。

金井君は自然派の小説を読む度に、その作中の人物が、行住坐臥造次顚沛《ぎょうじゅうざがぞうじてんぱい》、何に就けても性欲的写象を伴ふのを見て、そして批評が、それを人生を写し得たものとして認めてゐるのを見て、人生は果してそんなものであらうかと思ふ……

（森鷗外「ヰタ・セクスアリス」）

「人間の情欲」を小説の「主脳」とした『小説神髄』から二十年を経て、自然主義文学は、「流行」した。偽善的、偽悪的態度や心情は、前近代的教説物と否定され、私たちの生の営みを「有の儘」に表出させる物語が登場したのである。

そこでは目を惹く冒険活劇ではなく、「愚にも附かぬ事」が展開し、登場人物の動機は、正義感や友情よりも、「何に就けても性欲的写象」となる。偽りを嫌い、真実としての「平凡」さが、何よりも尊重されたのである。

倫理学者である和辻哲郎は、これに異を唱えた。和辻は自然主義について、「殻の固くなった理想を打ち砕くことに成功」し、「偽善家の面皮を正直という小刀で剝いでやった、という意味で、重大な意義を持つ」と一定の評価を与えつつ、次のように述べる。

しかし代わりに与えられたものは、きわめて常識的な平俗な、家常茶飯の「真実」に過ぎなかった（たとえば、人間の神を求める心とか人道的な良心とかいうものはあとからつけた白粉に過ぎない。人間を赤裸々にすればそこには食欲、性欲、貪欲、名誉欲などがあるきりだ、と言うごとき）。

（和辻哲郎「『自然』を深めよ」）

これまで信じてきた価値観を疑い、「白粉」として拭い去ることで、今まで覆い隠されてきた「赤裸々な」内面に、人々は向き合うことになった。しかしそれはまさに「平凡」そのものでしかなかった。

我々は懐疑の害毒について盲目であってはならない……懐疑のひき起こす思想的混乱、道徳的無秩序、仕事に対する情熱の冷却、生の意義についての絶望などが、いかに人間の活動を弱め生を低下させるかは頽廃的傾向を有する人々の生活によって生々《なまなま》しいほどに実証されている。

（和辻哲郎「懐疑と信仰」）

和辻は、既存の価値への懐疑が生み出す「害毒」について言及する。そもそも自然主義を生み出す近代は、あらゆる価値観を相対化してきた時代とも言える。これまで信じられてきたこの価値もあの価値も、どれも根拠が薄弱でありいくらでも疑い得る。

神様は本当にいるのか。

良心は必ず人に備わっているのか……

こうした懐疑は、私たちの内面に凝固してきたすべての物を打ち砕き、自分自身の内から湧きいでる自由な生へと導いて行ってくれる……はずだった。しかし結果、どうなったのか。神を奪われ、良心を失った人が、どうなったのか。

生きる意味を失い、自暴自棄になったのである。ただ「懐疑」し、これまでの価値が虚構であったと提示するのみの自然主義は、人々から生きる意味を奪っただけであった。そもそも人の本質は本能であるということは自明であり、これを前提として人は、抗うように文化を構築してきたのではなかったのか。こうした意味で、自然主義は決して以前よりも決して深い真実を捕えてくれたわけでなく、「きわめて常識的な平凡な、家常茶飯の『真実』に過ぎなかった」のである。

この時代の雰囲気を表しているものに安岡正篤《まさひろ》の『日本精神の研究』がある。大正十三（一九二四）年に刊行されたこの書が執筆された当時の状況について、安岡は後に次のように回想している。

恥ずかしい存在

当時一般にデモクラシーやインターナショナリズムが全盛で、東洋とか日本などは欧米に較べると、とても話にならぬ恥づかしい低劣な存在の様に勧ぜられて居た際であるから「日本精神の研究」などとは、何を時代錯誤な古ぼけたと冷嘲されるのが普通であった。

（安岡正篤『増補改訂　日本精神の研究』）

安岡は、第一次世界大戦後の日本の思想界に横溢している民本思想、唯物思想、社会主義思想などに対して、「日本」ならびに「日本精神」などは、「とても話にならぬ耻づかしい低劣な存在」と見なされていたとする。村岡が東北帝国大学で日本思想史専攻を担当し始めたのは、まさにこの『日本精神の研究』が刊行された年であった。

なお村岡自身も、教授着任から十年後の昭和七（一九三二）年、「国民精神の淵源」と題した講演にて、就任当時のことを振り返って、次のように述べている。

この頃日本の思想史とかいふものが多少作られて来たが、大学に於いてさういふ講座の設けられたのは、数年前東北帝国大学で設けられたものが最初であって、今日は九州帝国大学にもあるやうである。大学に於いてすらその様な状態である。数年前東北帝国大学で教授が集って講義題目の相談をした時に、私が神道を講じたいと言つたら、二三笑つた人があった。即ち、神道といふやうなものは大学で研究すべき程の価値があるかといふ風に考へられてゐたやうである。

（『国民精神の淵源』青年教育普及会）

4　平田篤胤とキリスト教

村岡最初の論文

こうした状況下において書かれた、東北帝国大学教授としての最初の論文は、「南里有隣の神道思想」というものである。大正十三（一九二四）年十月に発表されたこの論文末尾には、「一九二三年三月、伯林郊外の旅寓にて脱稿」と付せられていることから、ヨーロッパ留学中に書かれたものということが分かる。

ただしこの論文の意義を知るために、大正四（一九一五）年、すなわち村岡が早稲田の講師に迎えられた年まで遡りたい。

この年七月に村岡は、「復古神道に於ける幽冥観の変遷」と題した論文を発表している。この論文の補記で、自ら「著者として殆ど最初の、論文」と付しているように、これは自身初めての学術論文と言えるものであった。若い時期に、市井の学者として『本居宣長』や訳書などを刊行していたが、いわゆる大学アカデミズムに所属する学者ではなかったことから、「学術論文」というものを執筆したことがなかったのである。

そして最初に取り上げたのが「幽冥観《ゆうめい》」であった。日本の神道思想における「幽冥観」、つまり来世観がどのように変遷していったかを論じたのである。この論文では、村岡の日本の思想、文化に対する重要な視点を窺うことができる。

我国文明の輸入的性質に伴ふ必然的結果として、古来文明上の諸現象に共通的に存在した、混淆的関係の発現に外ならなかった。

（「復古神道に於ける幽冥観の変遷」『日本思想史研究』岡書院）

「輸入的性質」という言葉が見える。

日本の神道思想史は、儒教や仏教の経典を、神道的に解釈しようとしてきた歴史である。したがって、本来神道ではないものを、神道として解釈する「混淆的関係」となり、牽強付会の解釈が横行する結果となる。そのなかで、「多少とも自発的に生み出したもの」が、はたしてあるのだろうかと自問し、考察するのである。

つまり、村岡の日本思想史研究は、こうしたある種の〝絶望〟から始まっている。日本の文化や思想は、「輸入的性質」を有しており、本当の意味での「自発的」＝オリジナリティはあるのだろうかという嘆息であった。

そしてそのことを突き詰めた結果、ある人間に「爆弾」のような「ひどい衝撃」を与えることになる。

「復古神道に於ける幽冥観の変遷」から四年後の大正九(一九二〇)年二月一日、村岡は、「平田篤胤の神学に於ける耶蘇教の影響」(『日本思想史研究』岡書院)という論文を脱稿する。すでに早稲田大学は辞め、広島高等師範学校で講師をしていた頃である。

堀田善衛の驚愕

この論文については、堀田善衛《ほったよしえ》の自伝小説『若き日の詩人たちの肖像』(昭和四十一年)の中で描かれているエピソードを引用することで説明したい。

時代は、この論文が書かれてから二十年以上後の戦時中である。

著者である堀田その人と思われる「男」が、「いずれその日本のために戦って死なねばならぬとなれば、国学というものにはその日本の絶対によい所以が書いてあろう」と考え、国学者として有名であった平田篤胤の全集を読んでみることにする。

しかし、そこに待っていたものは、日本のよさを確認するどころではなくて、まるで爆弾のようなものであった。男は、生まれてからこの方、これほどにひどい衝撃はうけたことがないと思うほどの、おそろしい衝撃をうけていた。読み進めていて、本当に腋の下に冷たい汗が湧くのを感じた。

……

「ナニ、ナニ、ナンダトォ……」

とひとりで呟きながら読みかえしてみて、男は本当に目の玉が逆転するほどの驚きを覚える。

「コレハ……!」

これは、まったくの、
幸福《さいはい》なるかな、義のために責められたる者、天国はその人のものなり。

である。マタイ伝の第五章にあるイエス・キリスト山上の垂訓である。イエス・キリストがなんでまた復古神道のどまんなかにあらわれたりするのか。それがまたどういうわけで「これ神道の奥妙」であったりするのか。……

男はわめきたてるような心持で一時間ほども〔友人の汐留君に〕ぼそぼそと平田篤胤の話をした。男が、ようやくのことで、わめきたてているつもりでのぼそぼそ話をおえると、

「そうか、天主教応用のこと、君は知らなかったのか?」

と汐留君が言った。

「へえ!　周知のことなのかね?」

と男が問いかえすと、

「周知のことじゃないけど、村岡典嗣の『日本思想史研究』には、『平田篤胤の神学に於ける耶蘇教の影響』という論文があるよ。その本、もって行くか」

と言う。

「いや、もう沢山だ」……

そのために死ねる日本などではないのだ、と思うと、泪がぼろぼろと果てもなく流れて出た。

（堀田善衞『若き日の詩人たちの肖像』）

日本独自の国学の本流だと捉えられていた平田篤胤の思想が、キリスト教を核に構築されている。死ぬ理由を獲得するために、藁《わら》をもすがる思いで紐解いた「男」は、爆弾のような衝撃を受けてしまう。そのことを最初に学問的に明らかにしたのが、村岡の「平田篤胤の神学に於ける耶蘇教の影響」だったのである。

平田神学におけるキリスト教の影響

国学の中心的思想ですら、キリスト教を「輸入」して構築されていることに、「男」は「おそろしい衝撃」を受けた。

波多野精一も、この論文発表直後の「書簡」（大正九年三月十七日付、河合譲宛）の中で、「（村岡は）最近には平田篤胤の神道思想に基督教神学の影響あるを発見して有益なる論文を発表されました」と書いている。

では論文の内容について検討していこう。ここで村岡は、平田の神学思想として主なるものは、主宰神及び来世観の思想であるとし、平田の神道に於ける斯くの如き思想の発生は、実に、耶蘇教の影響に由来する。

（「平田篤胤の神学に於ける耶蘇教の影響」）

と述べる。この論文では、平田が記した「本教外篇」が、明のマテオ・リッチの「畸人十編」に多少の省略補正を施して、「或は直訳し或は意訳し、又変改を加へたものである」ことを明らかにしているのである。

マテオ・リッチの本は当時、禁書であったが、村岡は「是等の書が、一部の学者の間には、私かに読まれもし写されもしたことは、信ずべき理由があり、少くとも畸人十編については、徴証をも有する。殊に、篤胤の時代となつては、事実上禁も弛んだものと思はれる。篤胤が私かに是等の書を読んだことは、敢へて怪むに足らぬ」と念を押している。

この平田神学に対するキリスト教の影響は、村岡の「発見」以前にも、すでにたとえば植村正久によっても指摘されていたが、それを史料に基づいて確定させたのがこの論文なのである。

なお平田のこのようなキリスト教への接近がたんなる学問的展開だけではなく、平田の個人的体験を背景としていることに触れているのも、この論文の特徴である。すなわち平田は、最初の妻と死別し、長男も死に、次男も病気となり、さらに非常なる困窮に喘いでいた。村岡の論文の「補記」には次のように書かれている。

……この頃の心事は先妻をなくした頃の歌「天地の神はなきかもおはすかもなどこの禍を見つつ坐すらむ」「哀てふ事の限りを知れとてや世のうきことを我につどへけむ」（文化九年先妻歿　平田卅七歳）又、文化の末、上京中の伴信友におくつて近況を報じた書簡、殊にその一節の「……司馬遷云天は是か非かと云へり。篤胤も云神は是か非か。」の文字などに知られる。彼のかくの如き体験が、かかる神学的思想の成立の背景として存したことは、注意されねばならぬ。

（「平田篤胤の神学に於ける耶蘇教の影響」）

「天地の神はなきかも」「神は是か非か」という嘆きは、己の境遇の苦しさゆえに、神の存在を疑い、一方で神にもすがりたいという心の表れであった。

「彼〔平田篤胤〕のかくのごとき体験が、かかる神学的思想の成立の背景として存したことは、注意されねばならぬ」と述べる村岡は、困窮の中に「俗中の真」を得んがために学問に打ち込んだ自身をそこに重ね合わせているのではないだろうか。この論文の最後には、「大正九年二月一日稿。亡児震子記念」と付されている。村岡はこの時期に、平田同様に次女・震子《ゆりこ》を亡くしているのである。

ギリシア思想を愛し、さらにキリスト教神学に心から親しみながら、語学に躓き、日本研究に転向した村岡は、「日本精神は、その構成要素に於いて、厳密に固有的と称し得べきものは殆んどない」（「日本精神について」『続　日本思想史研究』）という絶望から始まっている。

村岡の生涯の課題は、「おそろしい衝撃」を受けるほどの「輸入的性質」をもつ「日本思想」ならびに「日本思想史」のなかから「自発的に生み出したもの」を抽出し、日本思想史学を学問として独り立ちさせることにあったのである。

そして、東北帝国大学教授としての最初の論文「南里有隣の神道思想」(『日本思想史研究』岡書院)に繋がる。

南里有隣の思想

南里有隣《なんりゆうりん》(一八一二〜六四)という名は、聞いたことがない人がほとんどであろう。前述の通り、村岡は平田篤胤が『本教外篇』にカトリック教義書をひそかに書き写していたことを発見し、平田の幽冥観のなかにキリスト教の影響があることを論証した。さらに幕末に至ると、プロテスタントの漢訳教義書が入ってきて、国学者はそれからの影響を受けるようになったとし、その格好の例証として佐賀の国学者、南里有隣を見つけ出した。南里の『神理十要』が、中国で刊行されたウィリアム・マーティンの『天道溯原』を和訳した書であることを指摘したのである。

村岡はこの論文で、南里の思想は今日までいまだ知られていないが、古学神道史上、「思ふに最も注意に値するもの」と指摘している。その理由は、神道史上初めて、人間はすべて罪人であるという思想とともに、人を罰する神はまた、実に恵みの神であるという説を登場させたからである。キリスト教の影響を受けている平田の神道が、来世思想の影響の下に審判の神、畏敬の神を説くのに専らであったのに対して、恵みの神のもと、神道は愛の宗教であると示したのが南里なのである。

彼〔南里有隣〕がこの書〔『天道溯原』〕によって得た影響が、平田に於ける場合と同じく、決して単なる外的（模倣とか剽窃とかいふ如き）のものでなかつたといふことは、假令彼の著書の年代が十分明らかでなく、その思想成立の歴史を精しくたどることが出来ないとはいへ、なほ之を考へ得る。

（「南里有隣の神道思想」）

最終的に村岡が指摘するのは南里の「自発的に生み出したもの」である。キリスト教ならびに平田篤胤の両方から影響を受けた彼の思想は、「模倣とか剽窃」を越えて、「一種特殊の発展」を遂げたとする。

つまり、平田以後の神道思想におけるキリスト教の影響は、神道思想そのものの内的要求によるものであったというのが村岡の説である。それは本居宣長の学問が、文献学そのものではなく、その内的要求から「変態」とみなしたことと同様の構図である。

そして村岡は、日本思想史、あるいは日本の歴史そのものをある高みから見晴るかすかのような新鮮な視点を、「南里有隣の神道思想」の中で提出する。

村岡と「愛」

是に於いてか平田及び其後の神道に於いて、吾人は我国の思想史上頗る注意すべき、独自の神学的哲学的思索の試みや、特殊の思想的発展の歴史を見ることが出来る。……明治維新に伴ふ欧化の思想的大潮流と共に、彼等神道家の思想や学説のささやかな流れは殆んど押流されて、その後は単に保守的反動の現象として出没したのみで、十分の成果を遂げずして終つたのである。

（「南里有隣の神道思想」）

神道が取り入れたキリスト教の内容は、神道が元から具えている性質ゆえに「自発的に生み出したもの」に変容する可能性があった。しかし、この「ささやかな流れ」は、「欧化の思想的大潮流と共に」押し流され、十分な成果を遂げずに終わったとする。

村岡はその「ささやかな流れ」の先に南里を据え、彼の思想を「古学神道発展の終の段階を代表したもの」（『日本思想史研究　第一巻　神道史』）とまで位置づける。では「終の段階」とはなんであろうか。村岡は次のように記す。

神道は愛の宗教となつて、鮮やかな特色を示した。

（『日本思想史研究　第一巻　神道史』）

村岡は、神道の発展の窮極を、「愛の宗教」とし、その到達点に南里有隣を据えた。田尻祐一郎は、そこに村岡自身の内面的な希求が真摯に投影されているとして、次のように分析している。

村岡は、青年時代に早稲田大学で師事した波多野精一（一八七七〜一九五〇）を、終生、篤く敬慕していた。波多野の感化なしには、そもそも村岡の学究生活はありえなかったであろう。……古神道の復活＝「愛の宗教」の誕生という、村岡の神道思想史の構想は、波多野のキリスト教史の理解と、深部において響き合うものがある。波多野の『原始キリスト教』は、ユダヤ教の律法主義から、「愛」の宗教としてのイエスの宗教の成立、回心を経たパウロの手になるその神学的深化を、簡潔かつ力強く描いたものだが、律法主義に垂加神道を、イエスの宗教とパウロの信仰に復古神道を、それぞれ重ね合わせてみるというのは、的外れであろうか。『原始キリスト教』の一節に、例えばこうある。「律法の無力と失敗とこそ却ってその存在の意義の存する所である。……人は自らの力をたのんでは何事もなし得ず律法の行為によっては一人として神の前に義とせられぬを、従って律法そのものの放棄せらるべきであり克服せらるべきであるを悟らしめんが為にこそ、しかしてかくして神の全能の恵みによって何等の功もなく授けられる救ひを受くべき準備をなさんが為にこそ、律法は世に現はれた。」……旧約の律法主義から新約の「愛」への発展を、村岡は、神道の思想史の中に読み込んだと見ることも不可能ではないだろう。それは、ある図式を機械的に当てはめたというような安易な意味ではない。人類に普遍的な宗教的情操への道が、キリスト教に於いてそうあったように、宣長を転回点にして、国学の発展の中にも貫かれているということであり、その達成を内面的に引き受けて歩むのは、村岡自身である。

（田尻祐一郎「村岡典嗣と平泉澄——垂加神道理解をめぐって」）

5　時運としての「日本精神」

増訂『本居宣長』

こうして村岡は、自身の原点に向き合う。村岡は、昭和三（一九二八）年三月に、増訂『本居宣長』（岩波書店）を刊行する。明治四十四（一九一一）年に出した処女作の十七年ぶりの増訂である。旧版は、無名の在野の学者としての出版であったことから、ほとんど売れなかった。教授就任から四年が経ち、今回は東北帝国大学教授という肩書のもと出版社を変え、装い新たに出版したということである。

なお巻頭に付された「増訂にあたりて」では、「今日十分に改めようとすれば、或は全く書換ねばならぬと思はれるが、今はその暇も有しない」と書かれている。

そしてさらに六年後の昭和九年には「再版」され、そこに付された「再版のはじめに」では、「この旧著が、些か増訂を加へて、昭和三年の初めつ方、世にいでて後、満六年余りにして、ここに再版の運びを見るに至ったことは、著者として、望外の喜びである。おもふに、これも祖国の精神文化に対する関心の、著くなり来れる時運の、一つの現れたるに外ならないであろう」と書いている。

ここで村岡は、一度絶版の憂き目を見た著書が、増訂さらに再版にまで至ったのは「時運」だと、冷静に分析している。この「時運」とは、当然戦争への道に繋がっているものである。

大正末期から昭和にかけて

村岡が東北帝大に内定し、欧州留学に出発する前年の一九二一年、イタリアのファシスト党が結成され、そして正式に村岡が教授として就任した一九二四年には、ソ連でスターリンが権力を掌握しつつあった。

日本では、大正十一（一九二二）年にコミンテルン日本支部として誕生した日本共産党が、旧来の「ブルジョア的」思想を攻撃し、階級闘争の実践へと若者をいざなっていく。村岡が欧州の地でその知らせを聞いた関東大震災（大正十二年九月一日）も、その流れに拍車をかける。その損害額が当時の国家予算の三倍にも当たるこの大災害は、物質的に首都圏を壊滅状態に貶《おとし》めるに止まらず、その後の恐慌という二次災害を引き起こす。復興が遅々として進まず、深刻化する不況のなか、労働環境が日に日に悪化したことが、労働者の権利を叫ぶ社会主義、共産主義運動に人々を突き動かしていく。しかし、大正十四（一九二五）年四月に治安維持法が制定されると、政府による共産主義者の弾圧が本格化する。そして増訂『本居宣長』が刊行された昭和三（一九二八）年に張作霖爆死事件が起こり、昭和六（一九三一）年、満州事変へ突入する。翌年三月には満州国が成立し、この前後、血盟団事件や五・一五事件など、総理大臣犬養毅をはじめとする政府要人の暗殺が頻発した。そして昭和八（一九三三）年、佐野学《さのまなぶ》、鍋山貞親《なべやまさだちか》が転向声名を出したことで、日本のマルクス主義はひとつの終息を迎える。

「日本精神」の流行

こうした共産主義の衰退と反比例するように高まっていったのが、「日本精神」であった。増訂『本居宣長』が再版され、村岡が「祖国の精神文化に対する関心の、著くなり来れる時運」と評した昭和九（一九三四）年に、雑誌『思想』（五月号）が「日本精神」をテーマに特集を組み、歴史学者の津田左右吉が巻頭論文「日本精神について」を寄せている。次は、その冒頭の文章である。

「日本精神」といふ語が何時から世に現はれたのか、確かには知らぬが、それがひどく流行したのは最近のことのやうであり、所謂「非常時」の声に伴つて急激に弘まつたものらしく思はれる。

（津田左右吉「日本精神について」）

また文部省思想局が、昭和十（一九三五）年に行った「日本精神論の調査」（十一月）には「『日本精神』なる語が標語としての力強さと一種新鮮なる感触とを以て、我が国民の間に急速に伝播するに至つたのは、大体昭和六年秋の満州事変以後のことである」と報告されている。津田が「非常時」と表する「満州事変」以降、「日本精神」は流行する。他にも、昭和八（一九三三）年には『精神科学』、昭和九（一九三四）年一月には『歴史公論』と『理想』、同年四月には『立命館文学』、同年五月には『思想』がそれぞれ「日本精神」について特集を組み、多くの論者が「日本精神」をテーマに執筆している。分かるようで分からない「日本精神」について、数多の学者や思想家がその解明に取り組み、深化させていったのである。

ではその「日本精神」の内実は、どのようなものだったのか。

大正十三年から昭和八年までの「日本」

田中康二によると、村岡典嗣が東北帝国大学に着任した大正十三（一九二四）年に出された安岡正篤『日本精神の研究』が、「日本精神」を冠した最初の著書であり、この年から七年後の昭和六（一九三一）年より「日本精神」に関する文献は増え始め、昭和八（一九三三）年に著書・論文ともに刊行数が飛躍的に増大する（田中康二『本居宣長の大東亜戦争』）。

徐々に戦争の火種を感じつつある「非常時」のなかで、「日本」を論じる「思想」が流行していく。ただしこうした「非常時」のただなかにおいてはしばしば実像は歪められ、ただひとつのかたちとして収斂していってしまう傾向がある。そのためここでは、大正十三年から流行直前までの「日本」言及の実像を見てみたい。

大杉謹一が昭和八年十月に、雑誌『道徳教育』（第二巻第十号）にて、「調査　最近十年間に於ける日本精神研究関係文献」という一覧を作成し、掲載している。ここに挙げられている文献を中心に、その内容を簡単に紹介してみたい。村岡典嗣が東北帝大に「日本思想史専攻」の教授として着任してからの十年に、世間に発表された日本論ということになる。

なお大杉は前書きとして「日本精神のいよ〳〵盛んに高調せらるゝものあり、遂に五・一五事件の発生を見るに至つて今日に及べるもの丶如くである。其の間、学者、思想家の研究及論説発表多きが中に、著書及び雑誌特集号のみを取つて左に之を揚ぐ」と記している。

大正十三（一九二四）年
　三月　安岡正篤『日本精神の研究』玄黄社
大正十四（一九二五）年
　三月　石田文四郎『日本国民思想史講話』二松堂書店
　六月　清原貞雄『日本国民思想史』東京宝文堂
大正十五（一九二六）年
　四月　井篦節三《いへらせつぞう》『日本主義』平凡社
　十月　和辻哲郎『日本精神史研究』岩波書店
昭和二（一九二七）年
　五月　大川周明『日本精神研究』行地社
　十月　大西貞治「古代日本精神の第一義」（『国語と国文学』四十二号）
昭和三（一九二八）年
　三月　高須芳次郎『日本思想十六講』新潮社
　四月　平泉澄《ひらいずみきよし》「日本精神発展の段階」（『史学雑誌』三十九編四号）
　七月　補永茂助《ほながしげすけ》「日本思想史の研究」（『東洋思想研究』東亜協会）
昭和四（一九二九）年
　七月　亘理章三郎《わたりしょうさぶろう》『建国の精神と建国史観』大成書院

昭和五（一九三〇）年

四月　山田義直『日本精神の一貫と国史教育』目黒書店

九月　紀平正美《きひらただよし》『日本精神』岩波書店

昭和七（一九三二）年

二月　田中義能《たなかよしとう》『日本思想史概説』東京堂書店

四月　河野省三『日本精神発達史』大岡山書店

四月　鹿子木員信《かのこぎかずのぶ》『新日本主義と歴史哲学』青年教育普及会

昭和八（一九三三）年

五月　池岡直孝『日本精神の闡明』章華社

六月　田制佐重《たせいすけしげ》『日本精神思想概説』文教書院

以上、年ごとの一覧である。これらの文献で使われている用語は、「日本精神（史）」「日本国民思想史」「日本主義」「日本思想史」と分かれるが、これらこそが、村岡が時には対峙し、時には同調した当時の「日本」であった。以下、右に掲げられた著作の要旨を、順にみていこう。

○安岡正篤『日本精神の研究』

大正十一（一九二二）年に処女作『王陽明研究』（玄黄社）を刊行し、陽明学者として出発した安岡は、「日本精神」を、「三種の神器」に表徴される「知恵」（鏡）・「正義」（剣）・「徳」（玉）と規定する。そして、この日本神話をもとにした精神を、「永遠の今を愛する心」と題した章では、楠正成の戦死や大谷吉隆（吉継）の義戦、さらに西郷隆盛の最期などに見出し、次のように述べる。

かくして現前の生死は永遠の光に照らされる時、忽然として妄執を散じ、たゞ真善美の欣求と為って輝き、過去現在未来の断見も消えて、一念に今に無量壽無量光を添へる。この自覚を体得して、初めてわれわれの肉体も神聖な存在となるのである。

本書は、第一次世界大戦後の世界が「欧米」によって秩序づけられていることを危惧し、亜細亜を先導するためにも日本民族がその精神の力を発揮し、「神聖な存在」になるべきだという動機で書かれている。

○石田文四郎『日本国民思想史講話』

安岡の『日本精神の研究』と同年同月に出版された本書は、『日本精神の研究』と同様に「日本國民の本質」の「自覚」を促す動機で書かれたものであるが、その核は「変化」にある。

吾々が幼い時分の心持ちや、今に至るまでのその変化を考へてみると、曾てそれが、自分の抱いていた心持ちであつたかといふ事に少なからず驚異の眼を瞠ることもあり、又独り静かに微笑む事もある。

こうした自分の過去を振り返る行為を国の歴史に重ねあわせ、ひとつの時代の思想を見るだけでは、その本質を知ることは困難としている。

○清原貞雄『日本国民思想史』

当時、広島高等師範学校教授であった清原は、一般的に「日本人の国民性」とは「模倣」であり、「独創的なものがない」と評されることに対して、それこそが「日本国民思想」の長所とする。

世界の種々の精神的文化の要素を受け入れた我国民は、或場合には温室の役目を務めて其発達を遂げしめ、斯くして世界のあらゆる文化は我邦に聚まつて爛漫たる花を咲かせている。

世界のあらゆる思想を受け入れ、その都度変化し、そして発達していくことこそが「日本国民思想」の特徴であり、外来の思想に圧倒されて、滅亡することもなく、儒教を迎へ、道教を容れ、仏教に接し、これらと融合、調和して、社会文化の発達と適合しつつ不断の進歩を保ってきたことを、日本人は自覚し誇るべきであるとする。

○井箆節三『日本主義』

本書では、明治から大正にかけて、木村鷹太郎、高山樗牛、岩野泡鳴によって鼓吹《こすい》された「日本主義」という言葉を受け、次の樗牛の文章が引用されている。

……その本を糺せば日本歴史と共に初まり、物部守屋の排仏論となり和気清麿の忠節となり、菅原道真の和魂漢才論となり、真言天台以下の仏教緒宗派を日本化する中心勢力となり、北畠親房の神皇正統記となり、徳川時代の諸国学者の神道国教論となり、一時維新の改革に遭うて其の力を失ひしも、更に十九世紀新文明の光によりて新に赫灼たる本来の光輝を反射し来りたるものなり。……

（『樗牛全集』第四巻）

そして井箆は、「日本主義」は「神道の別名」と定義し、この「根底」は変わらず受け継がれてきたとする。ただし、「枝葉花実」である外見は、歴史上、樗牛が指摘するように「物部守屋」「和気清麿」「菅原道真」「真言天台以下の仏教緒宗派」「北畠親房」「徳川時代の諸国学者」等の担い手によって多様なかたちに変容したが、根幹をなす「神道」そのものは不変唯一のものと述べる。

安岡の「日本精神」と同様に、時代を超越した存在として、井箆の「日本主義」は語られている。

○和辻哲郎『日本精神史研究』

和辻は万葉集・古今集・竹取物語・枕草子・源氏物語等の古代文学や、白鳳天平の彫刻などの古代美術、あるいは古代仏教思想等を対象として、日本人の精神を追求し、それらを総体としてとらえようとする。

「推古仏のあの素朴な神秘主義」「白鳳天平のあの古典的な仏像や刹那の叫びたる叙情詩」「鎌倉時代のあの緊張した宗教文芸、哀感に充ちた戦記物」「室町時代の謡曲」「徳川時代の俳諧や浄瑠璃」といったものを裏づけるものは「物のあはれ」ではないかとし、「日本精神」＝「物のあはれ」として、時代を超えたひとつの概念として把握することを試みるが、結局は「これらの芸術の根拠となれる「物のあはれ」が、それぞれに重大な特異性を持っている」と結論付ける。

『日本精神史研究』は、あくまで各時代の根底にある「時代精神」を追求する試みであり、その「時代精神」の系譜の中に「精神史」を構築するというのが和辻の方法であった。その後和辻も変化を見せるが、少なくともこの時点での和辻の「日本精神史」は「日本」の「精神史」の意であったといえる。

○大川周明『日本精神研究』

冒頭、「何者を以てしても赦さるべくもなしと信じたる道徳的苦悩を感じたる時」、キリストの言葉によって救われた大川の経験が語られる。そして後に、同じ「教」を、仏教に、儒教に、そして「日本精神」にも見出す。それは、上代日本の信仰に源を有し、儒教・仏教とともに陶冶され、「武士の魂によつて百錬千磨せられたる士道」であった。

この「日本精神」たる「士道」を、「横井小楠」「佐藤信淵」「石田梅岩」「平野次郎国臣」「宮本武蔵」「織田信長」「上杉鷹山」「源頼朝」という、時代・地位ともに異なる人物の思想や行動の中に見出していく。

「日本精神の天照る光は、実に偉人の魂を通じて最も朗かに輝きわたる」とし、「予の学ぶところ。思ふところ。信ずるところを披歴」したのがこの書とする。「日本精神の復興の為には、先づ日本精神の本質を、堅確に把持せねばならぬ」という志は、安岡と同様であり、実際、安岡の『日本精神の研究』には大川が跋文を寄せている。

○大西貞治「古代日本精神の第一義」

すでに、「古代純日本思想」と題した著書を出版していた大西は、あらためてこの論文で、『古事記』に描かれた古代神話の中に「日本精神」を見出し、その中核は「祖先崇拝」とする。天照大神が天孫に、自身の「御魂」として鏡を授け、それを後の神々、そして天皇が斎き祭ってきたが、このことは「昔も今も変わりがない」。

そして「祖先の現世的表象」として天皇は存在し、「祖先崇拝」は「天皇崇拝」と同義となる。天皇即国家であった古代においては、天皇のために生きるということは、自らの生活を実現することであり、同時に国家の発展を目指しての努力でもあった。

古代から変わらず日本に存在し、主体としても客体としても国民の「祖先崇拝」の象徴である天皇は、時代を超えて「日本精神」として生き続けているとしている。

○高須芳次郎『日本思想十六講』
明治文学史や水戸学の研究などに業績を残した高須は、「日本思想」を語るにあたって、日本は偉大な哲学も深遠な宗教も生まなかったという事実を、清原と同様に、逆説的に「肯定」するところから始める。なぜなら、儒教、仏教、キリスト教のすべては、「日本の精神」の洗礼を受け、それぞれが日本の儒教、日本の仏教、日本のキリスト教になったと把握するからである。

ここから「日本思想」の特徴は、「同化、統合、調和の力」にあるとし、主に上記三つの外来思想を、いかに「日本思想」が「同化、統合、調和」していったかという視点で歴史を語る。

思潮の流れを一貫しているのは純日本精神の閃きである。それは時に稀薄になり、時に微弱となつたことがあっても、結局、大きな波の押よせてくるように国民的自覚の曙光と共に、振興せらるるのが普通であつた。即ち一時的に外来思想に心酔することがあつたとしても、やがてそれを日本化し、「日本の物」としなければやまぬ機能の強い働きを示してゐた。

○平泉澄「日本精神発展の段階」

平泉は、日本の歴史を古代、上代、中世、近世、現代の五期に分け、その時代時代に文化があり、理想とするものや価値を有するものが異なるとする。古代において未分化であったものが、上代になって「美」に至上の価値を置くようになり、中世にはそれが宗教への信仰との関わりで「聖」に取って代わられ、近世になると儒教倫理を背景として「善」が最も重きをなす価値観となり、現代においては科学的精神に裏付けられて「真」を追求するようになったとする。いわく「価値は時代と共に変じ、理想は世と共に推移した」。

平泉はこの五つの時代に五つの段階を認め、その変化推移の中に日本歴史の発展をみようとしたのである。そしてこの精神を「日本人の精神」あるいは「時代精神」と呼んでいる。

○補永茂助「日本思想史の研究」

ドイツ、イギリスへの留学経験もある神道学者である補永は、日本思想を研究する目的を、「日本精神文明の精粋を探求闡明すること」とし、その中核を、「神道倫理としての忠孝」と「武勇、正直、純潔其の他」の二つとする。どちらも、天孫降臨にあたって大国主神が統べていた葦原中国を快く献じたエピソードや、天照大神が天孫に草薙剣を預けるといった「神代の物語」を根拠としている。

ただし、外来思想については否定することなく、「儒教の伝来によって忠若しくは考の文字によって其の道徳上の観念を標出することが出来た為に、之によっておぼろげであった観念を明瞭にし、神代以来継承せられた我が国民の道徳思想を涵養した効果の大であった」と評価する。

したがって「神道倫理説」では「菅原道真」「北畠親房」「一条兼良」「吉川惟足」「度会延佳」「山崎闇斎」「荷田春満」「賀茂真淵」「本居宣長」「平田篤胤」を、「武士道の系統」では「山鹿素行」「大道寺友山」「津軽耕道」「吉田松陰」を、それぞれ思想の担い手として挙げ、各時代の外来思想の影響を受けながら、神道、武士道がどのように各人物のなかで育まれていったかを検討している。

○亘理章三郎『建国の精神と建国史観』

東京高等師範学校教授であった亘理は、「建国の精神」を核に、「上代に於ける国家の肇造」「氏族次代に於ける国家の肇造」「律令時代に於ける国家の肇造」「武家時代に於ける国家の肇造」「明治維新以来の国家の肇造」という時代区分によって歴史を語る。ではこの「建国の精神」とはいったい何であろうか。亘理は、次のように述べる。

一、理想　建国には、価値として其の国家を創造して行くところの理想が存する。

二、感情　その国家の理想を仰慕し、どうしても其れを実現して行かずに居られぬ感情がある。

三、意志　此の理想・感情が動機となって、意志にまで展開し、その意志の力が国家価値の創造を続行する。

これらの心のはたらき全体を「建国の精神」とする。つまり「建国の精神」とは、国の理想を理解、共感し、それを実現していく志ということになる。そして日本の理想とは、「皇室を絶対の中心とする」である。

○山田義直『日本精神の一貫と国史教育』

教育という観点から「日本精神」を考えた山田は、「一貫したる日本精神の流れ」を教える教材が、現状存在しないことを指摘する。

そして「日本精神」とは、「儒教や仏教の未だ渡らなかつた以前の固有神道に源を発し、後に伝来した儒教仏教の精神を咀嚼し、更に近代の欧米思想をも取り入れて発展して来た精神」とし、本書はその定義のまま、「第一章　固有思想の時代」「第二章　固有精神と儒仏思想との交錯時代」「第三章　同化思想と欧米思想の交錯時代」という三章立てになっている。

「固有思想」は、「敬神の精神」・「崇祖の精神」・「尊王の精神」・「愛国の精神」の四つで構成されており、「今日の国民思想」は、これらが時代によって「循色」「選錬」「発展」したものとする。

儒教や仏教が渡来したために、「固有思想」が衰えてしまったという主張はとらず、あくまで儒仏思想、欧米思想と交錯する様相の中に「一貫したる日本精神の流れ」があると捉える。

○紀平正美『日本精神』

ヘーゲルを中心に西洋哲学研究で名をなした紀平は、本書の「日本思想概説」という章にて、「自己意識」の成り立ちとして、日本思想の歴史を語っている。そこでは、人間の働きの「根本原動力」を美・善・真の三つとし、ギリシア文化とインド文化に真を、支那思想に美を配置する。この支那思想の影響を受けた日本も、当然、美となるが、その終局は「調和」である。

自然、人、外国、そして神との「調和」を根本とする場合、個人的なる「自己意識」はまだ前面に出ることはない。明治維新以後、西洋文化に本格的に触れることで、「調和」としての美から、科学的な真を受け入れ、個人としての脱却を果たす。

集団的「調和」と個人的「自己意識」の狭間で揺れ動き、葛藤してきたのが日本人であり、したがって、この葛藤の跡こそが「日本思想の変遷」を示すものであると紀平は捉える。

一方同書では、「日本精神」という章も設けており、そこでは「日本精神」の本質を、『古事記』を根拠とする「何にくそ」「清明心」であるとし、その本質を見極めようとしている。

○田中義能『日本思想史概説』

神道学者であり、上田万年とともに今日に続く神道学会も設立した田中は、「日本民族」の思想は「極めて貧弱」であり、見るべきものは「支那思想」か「印度思想」に過ぎないという一般的評価を、「甚だしい無稽の論」と喝破する。儒教、仏教その他の思想を「醇化」「吸収」することで、「日本思想」は発展し、今日の日本文化が作り上げられていったと捉えているからである。こうした経緯や内実を、国民は十分に知る必要があるとし、「歴史的研究」の重要性を説く。

そして最後の結論として、日本の「固有思想」とは何なのかを「十か条に要約」しているが、ここでは以下二つのみを紹介する。

一　現人神、祖先神を崇敬し、その事蹟を尊重し、その遺訓を遵守し、その遺風を顕彰し、国民生活の規範を、ここに求ること。

六　国家は綜合家族の特質を有するので、天皇は綜合家族の家長であらせられ、之れを代表せらる。されば天皇即国家であって、忠君は即ち愛国である。

○河野省三『日本精神発達史』

後に國學院大學学長になる河野は、この書の冒頭、近世の思想家、長谷川昭道の「天地のまことのみたま集まりて、やまと心となりにけらしも」という歌を引用する。そしてこの「まこと」とは、目に見えない神をも動かすことができる「天」に通じる「至誠」であり、この「まこと」が人に凝縮されると「やまと心」となるとする。

「日本精神」はこの「やまと心」を本質とし、国の発展とともにこの心が「練磨し強調して、情操より信念へと展開」しているのが日本の歴史だとする。

○鹿子木員信『新日本主義と歴史哲学』

日露戦争では日本海海戦に従軍、中尉で退役し、本書刊行時には九州帝国大学法文学部教授であった鹿子木は、「日本国民の歴史は決して単なる茫漠たる時間的変遷ではない」とし、「深き眼を以て読んで見れば、日本の歴史其のものが実は日本の独特なる哲学に外ならないもの」とし、「日本歴史の七階段」として説明する。

一段階の「建國・力の国」では、「大和心」を広く敷衍するために「力」（権力）に依った建国を行い、二段階の「美の国」では、「力」の理想から美の理想の実現に変わってくる。ここでは雄略天皇の御遺詔や仏教が芸術の美しさから受け入れられたことが語られる。三段階の「いのちの国」では、「美」の理想の究極として「命」の「格式化、形式化」に向かったとし、平安朝末期から中世にかけての「宗教的信念の運動」が語られる。四段階の「道の国」では、戦国時代において、その「危機に当面」した「命」を救うために、「整へ正す」＝「道」へと向かう。道義的精神の発達であり、織田信長、徳川家康を例として挙げ、「日本の武士の道といふものが徳川時代に至って武士の作法になって来た」とする。五段階の「学びの国」では、明治維新が語られ、「明治維新を生み出し明治の御代を指導したこころの最高の原則は、真理の理想である」とし、ここで日本は真理を求めて、ひたすら学問を研究する「学びの国」になったとする。六段階の「富の国—資本主義と共産主義」では、学びの成果として、日本の国は経済的生活における自由主義を実現し、その下では「金といふものが強大なる力を示して行く」。その反作用として「マルクスの国際的共産主義」が起こり、この二つの主義がともに理想とする世界を目指して併存しているのが現在だとする。

そして最後の七階段とは、これからの時代であり、「新日本主義の理想」実現のためにも、ここまでの六階段にみた「二千数百年のやまと心の発展」の跡を辿り、「今日より明日へと私共を導く理想の何であるかを尋ねること」の重要性を指摘している。

○池岡直孝『日本精神の闡明』

当時明治大学教授であり、嘉納治五郎の講道館分科会の運営にも関わった池岡は、「日本精神」とは、「日本の国家に特有なもので、しかも歴史を通して一貫せるもの」とし、それは「皇室心」であるとする。「皇室心」とは、日本の中心は皇室であることをしっかりと自覚し、皇室を思い、慕い、支えていく心構えである。

こうした観点からの池岡による日本の歴史は、「大化の改新と日本精神」「明治維新と日本精神」という二段階のみで語られる。

池岡の歴史叙述で重要なのは、「皇室中心の原理から見て、意義ある史実」であり、「国家と統一し改造するには、皇室を中心として営むといふことが我が国特有の改新原理である」とし、この観点から「大化の改新」と「明治維新」が国史において大いに意義のある「史実」と見做されるのである。

○田制佐重『日本精神思想概説』

戦後には、アメリカ教育社会学の概説書の邦訳などもする田制は、「日本精神」を、「我が建国以来の神ながらの道を体得し、実践し、伝承し、発揚するの精神」と定義する。そして「神ながら」とは、「祖先の遺風に従ふこと」であり、「祖先の遺風」とは、「真の道」に従うことであり、「真の道」とは、人間が生まれながらにもっている「仁義礼智という真の心」に従うこととなる。

この「日本精神」は、理論や言説を受け入れて、「絶えず拡大深化して息まざるきわめて動的なる道」であるとし、儒教、仏教や洋学、また国学ですら、すべてが「日本精神」が深化するための肥料または栄養素である。

本書は、「神ながらの道」を拡大深化させた「先賢諸家」を取り上げる構成となっており、「日蓮」「北畠親房」「吉川惟足」「山崎闇斎」「熊沢蕃山」「山鹿素行」「荷田春満」「賀茂眞淵」「本居宣長」「平田篤胤」「藤田東湖」「吉田松陰」「福澤諭吉と西村茂樹」の思想が検証されている。

以上、時系列に沿って見てきたが、これらの「日本思想」は、その内容から四つに分類できると思われる。

①唯一（日本思想）

ひとつの「日本思想」が、時を超えて頑然と存在していると考える立場である。

多くは日本神話に典拠がもとめられ、その時点で思想として確立し、それが時代を経ても変わることなく今に至っているとする。時代を経て変化、発展するという歴史観はとらず、本質的には、「日本思想」は、年月を超えたひとつのものと捉える傾向が強い。「日本精神」という言葉で分析されたものは基本該当する。

②発展（核と側）

「日本思想」が、時代とともに、どのように発展していったかを考える立場である。

ただし、前提として大川周明の「士道」、山田義直の「固有思想」、河野省三の「やまと心」、鹿子木員信の「大和心」、亘理章三郎の「建国の精神」といった、時代によって変わることがない核をまず設定している。そしてそれが時代とともに、儒教、仏教、キリスト教といった外来思想の影響によって、どのように発展していったかという歴史記述となる。

変わらぬ部分と変わる部分の両方の存在を認めるが、「変わる部分」といってもそれは変わらぬ部分を担保し、ここを中心としての変容のため、その変化は基本的に良い方向（発展）と捉えられる。

③個別（総体）

それぞれの「日本思想」が、それぞれの時代に存在していたと考える立場である。

和辻哲郎の「時代精神」に代表されるように、各時代に、その時代ならではの「思想」が存在していたとする。ただし単なる歴史的事実として記述するのではなく、その時代が求めた価値や理想という視点から、抽象化された概念まで昇華させて描写する。平泉澄の上代の「美」、中世の「聖」、近世の「善」、現代の「真」というのはこの典型である。こうした方向性には、最終的に総体としての「日本思想」に結実させたいという志向も存在している。

④事実（日本の思想）

歴史的事実として、それぞれの時代の思想を捉える立場である。

「日本思想」としての核や総体の志向性や、「時代の精神」といった抽象化の意識は少なく、文献等から確認できる、事実として日本列島に存在した「思想」を、〝科学的に〟記述していく。そのために「時代区分」は、政治史的区分と、ほぼ同類となる。

清原貞雄、高須芳次郎、田中義能は、日本の思想は外来思想の模倣でしかないという一般的批判に対して、あらゆる思想を受け入れるという性格こそが、「日本思想」の特徴であり長所としているが、その骨格や核を概念化するまでに徹底することはなく、あくまで歴史的事実の叙述に留めている。

6 「日本思想」について

こうした多種多様な「日本思想」に対して、東北帝国大学日本思想史専攻の教授として、村岡はどのように対峙したのだろうか。

「科学的態度」

日本思想史の村岡教授は生粋の日本主義者なのだが、そこいらのファッショ的デマゴーグと異なって、飽く迄科学的態度を主張して、インチキなく日本的なものを打出したりなぞはしない「日本的なもの」を飽く迄分析して行つてその本源を究めるといふのだから、一見「日本的なもの」を打ちこはしてゐるみたいである。（『左翼右翼大学教授を解剖する』）

右は本書冒頭でも引用したが、ここで評されているように、村岡は「科学的態度」を固守し、あくまで実証性にこだわり、安易に時局に便乗するような主張（「インチキ」）を行うことにはきわめて禁欲的であった。

村岡は、満州国建国が宣言された昭和七（一九三二）年に行った「国民精神の淵源」という講演のなかで、これまでしっかりと自国に向き合ってこなかったことを「弊害」と表現し、次のように述べている。

これまでの弊害に鑑み、我々はお互ひに反省して、祖国のことをもう少し理解して行くことが此の際特に大事であると思ふ。これは勿論、現在焦眉の急たる思想問題に対する対策としては迂遠のやうであり、又実際さうであるかも知れないが、これは併し私は根本的のものであると信ずるのである。

（「国民精神の淵源」）

村岡が形成しようとした「日本思想史学」は、「日本精神」が鼓吹強調され、「国体明徴」運動が展開したこの時代、ある種の花形学問であったといえるかもしれない。しかし、村岡はそうした「焦眉の急たる思想問題」から一歩退いて、どこまでも学問として「本源を究める」ことを堅持した。困窮の中でも「俗中の真」として学問を続け、「大学の本質は真理の討究にある」という信念をもつゆえに、母校を辞職したことを見てきた今、この態度に嘘がないことは明らかである。

平泉澄批判

村岡が実証的学問を通じて明らかにした、「ファッショ的デマゴーグ」とは違う、「日本的なもの」＝「自発的に生み出したもの」とはどのようなものだったのだろうか。

それを把握するために、以下三つの論文を見ていきたい。

昭和五（一九三〇）年　「日本思想史の時代的区画観と各期の特色」（『日本思想史研究　第四巻　日本思想史概説』）

昭和八（一九三三）年　「日本精神について」（『続　日本思想史研究』）

昭和九（一九三四）年「日本思想史の研究法について」（『続　日本思想史研究』）

まず昭和五（一九三〇）年の「日本思想史の時代区画観と各期の特色」であるが、これは昭和五年度東北帝国大学法文学部講義の草案としてまとめられたもので、題名通り、日本思想史学における「時代区分」に焦点を当てている。

〔明治以後の学者の時代区分は〕古代、中世、近世の三大区分にもとづいたもので、西洋史の場合などと一致し時代区分として簡明である。しかしこの各期に対して内容的にいかなる意義をみとめてよいか、換言すれば古代的、中世的、近世的といふ語についてどういう内容を理解すべきであるかといふと、問題はまた元へもどつて必ずしも定説が存するとはいへぬ。一汎政治史に見てもさうである。まして思想的方面から見ていよいよさうである。（「日本思想史の時代的区劃観と各期の特色」）

区分されたそれぞれの時代にいかなる「意義」を見出すべきかが重要であると指摘し、とくに「思想的方面」においての史観は、「我が史学史上でもつとも欠けたところ」とする。

ここで村岡は、近年の成果として平泉澄（一八九五～一九八四）の説を挙げている。前節で見た昭和三（一九二八）年四月刊行の『史学雑誌』に掲載された「日本精神発展の段階」という論文である。村岡は、この説について「人間精神の四つの理想を各期に配して極めて手際よく概観されてゐる」

と、一定の評価を与えつつも、いくつか難点を指摘している。その一つが、平泉の説く「価値の転換」についてである。前述した通り平泉は、上代の「美」が中世の「聖」に代わり、その「聖」が近世の「善」に入れ代り、現代は「善」の代替として「真」の時代としたが、村岡は次のように批判する。

過渡的波瀾やんで平静に帰し新時代ができ上がつて長い一流れの潮流をなしてゆく全汎的の姿から歴史を観察するときには、旧時代は新時代をはらむとともに新時代に残り、新時代は旧時代をやぶるとともにこれを承けて、一つの連続をなして発展してゆくのがその真相である。

（「日本思想史の時代的区画観と各期の特色」）

「思想開展の段階」とは、この連続性という見地からなされなければならないとし、平泉の説は、それぞれの「時代精神」が個別に独立し繋がりはないが、本来は、「聖に先立ったものとしての美、善をうけたものとしての真がそれぞれの意味を発揮されねばなら」ないとする。

「時代的区画観」　それでは、村岡自身は、どのような「思想開展の段階」を設定したのだろうか。「日本思想史の時代区画観と各期の特色」では、平泉への指摘の後、自身の「時代区画」を表明している。そこではまず「文化史上また思想史上画期的意義ある事件」として、「漢学伝来」「仏教伝来」「奈良遷都」「平安遷都」「保元の乱」「頼朝開幕」「藤原定家死」「織田信長足利氏を亡す」「関ヶ原役」「島原乱平ぐ」「王政復古」の十一個を挙げる。

そして「上古」とは、漢学伝来以前から平安遷都以後まで、「中古」とは、平安遷都を起点として保元の乱を経て、頼朝開幕を終点とする。「中世」は、頼朝開幕から織田信長の天下統一までとし、したがって「近世」は、関ヶ原役からの明治初年までの江戸時代の期間となる。

「事件」として挙げている「保元の乱」（武士的勢力の勃興）は、中世的精神の源泉として、「藤原定家死」（中古文化の代表者の死）は、中古思想の余勢の結末として、「島原乱平ぐ」は近世における中世的余勢の終局を示している。これらは自身の平泉批判に対する解答として、旧時代は新時代に、その思いを「はらみ」「残り」「承ける」ことを示す象徴として挙げたものであろう。

したがって、時代区分としては「太古　儒教渡来前」「上古　儒教渡来後奈良朝」「中古　平安朝」「中世　鎌倉、南北朝、室町、戦国」「近世　徳川」となり、これらをふまえて「内容的方面からの史観」は、次のようになる。

太古	自然的素朴主義
上古	文化的素朴主義
中古	主情的感傷主義
中世	主意的實行主義
近世	主知的反省主義

儒教仏教を中心とする大陸文化の影響が、自然的素朴主義から文化的素朴主義への推移を促し、主情的感傷主義は貴族が、主意的実行主義は武士がそれぞれ主体となり、主知的反省主義は、江戸時代における文教の興隆に依っている。

こうした素朴から主知へと進む五段階は、あたかもひとりの人間の成長の典型のようであり、村岡は、日本人は「独創性にすぐれた国民ではなかった」からこそ、大陸からの思想を素直に学ぶという「自然の推移」を辿ったと述べる。

本来すべての国や人が経験する、あたりまえの成長こそが「日本思想」の特徴としたのである。

「日本精神について」

次は、昭和八（一九三三）年十二月二十日付けで脱稿された「日本精神について」を見てみたい。この論文は、「日本精神は今日の常套語である」という一文から始まり、新聞、雑誌でこの言葉を見ない日がなく、このこと自体は「国民的自覚の発現」として、喜ぶべきことであるとする。一方で、一般的にも学問的にも、それが指し示すものが何であるかは明白ではないことに対して、「その解決ではなくして、むしろその解決への指向を試み」るという目的が設定される。

規範的、実在的、個性的、そして一貫性を有していることが、学問的観点から「日本精神」と証明できるものとする。つまり理想的で、他国では見られない特異性を有していながら、事実として日本人が持っているものであり、さらにそれが一過性のものでなく、歴史を通して確認できるものということである。

しかしこうした学問的観点からすると、一般に流布しているものは、どれも「日本精神」としては賛同し難いことが分かる。

通常、他国と比較することで、文化の特殊性を主張するが、そもそも日本は「輸入性」を有している。すなわち儒教、仏教といった大陸文化の教養を受け入れて、成熟させることで今日に至っていることを考えると、「日本精神は、その構成要素に於いて、厳密に固有的と称し得べきものは殆んどないと言ひ得る」。これは先にみた、同時代の論者たちも直面した問題である。

それでは、「日本精神」というものは存在しないのかという問いに対しては、村岡は、次のように述べる。

吾人はその厳存すべきことを言ふに躊躇しない。そは世界の一文化国として、日本が現在の日本であるといふ事実が、何者よりも之を自証してゐる。（「日本精神について」）

ならば結局日本を日本たらしめているものの説明は、精神要素の列挙やその内の一要素の独断的強調や力説によってではなく、「日本精神の最も本格的のものを、明らかにすることによつてのみ為し得る」とし、それは、次の一文で表される。

皇室中心主義の国体観に外ならぬ。（「日本精神について」）

その歴史性において記紀神話にまで遡り、「二神国生みの神話に、国家の神的及び血族的起源の理念を観、高天原神話、出雲神話、筑紫神話の三つを統一せる天照大神の神格に、現人神にまします天皇崇拝の歴史的反映を見るべきが如くである」とし、その性格を次のように表現する。

そは、自然素朴なるが故に純真なるものであつた。そはまた、文化が宗教や道徳や学問や其他の諸相に分化しない以前の産物として、未だそのいづれにも規定せられない国民思想の原型であつた。

（「日本精神について」）

ただし続けて、この国体観念は、歴史的に儒教や仏教などのいかなる外来文化も拒否せず、むしろ積極的に受け入れることで、「国民文化」として発展してきたとする。つまり国体観のみに固執する排外主義では、本質を見失うとし、国体観念は「先天的」なもの、外来文化は「後天的」なもので、「そのいづれかの一方なくしては、わが国民文化は存在せず、両者相まつて、歴史的発展を実現した」と述べる。

排外主義は「決して進歩を主義とする日本精神の本旨でない」のであり、「所謂国家的てふ見地を強ひて、文化そのものの自由性を束縛し、制限するやうな窮屈な態度を避けねばならぬ」と注意を促す。

そして最後に、「若夫れ、上述の如き性質を有するわが国体思想の為めには、深くその根底を為す精神的性格が、当然存在せねばならぬ。それは果して何であらうか。日本精神の一層の実質的意義は、須らくここに探求せられねばならぬ」と結ばれる。

「日本思想史の研究法」

最後に、教授就任から十年後の昭和九（一九三四）年に発表された「日本思想史の研究法について」を見てみたい。「日本思想史」を学問として確立し、内容を充実させていくために必要なのは、方法論の確立であった。村岡もこのことは強く自覚しており、東北帝大での講義では、思想内容についてだけではなく、「研究序論（方法論）」も継続的に行っていた。その成果がこの論文である。

> 日本的てふ特性を目標とするといふことに外ならぬ。　（「日本思想史の研究法について」）

ここで村岡は、方法論の前提として、学問の目標を確認する。「日本思想」は、「大観すれば古くは儒教思想や仏教思想の、近くは西洋思想の輸入の歴史で、殆んどあらゆる世界的思潮の湊合」という「雑多性」を「構成要素」としながらも、「その間に、何等か日本的なものを発展し来つたところ、そこに日本思想史の目標をおかねばならぬ」とした。

そして、ここでもアウグスト・ベック（一七八五～一八六七）による「認識されたものの認識」を引用する。

思想を知るということは、過去に書かれた「文献」に展開されている思いを〝正確に〟読み解くことである。宗教者、文学者、哲学者など多種多様な人々が、ある物事を「認識」して書き記し、今に至るまで残っているものが文献であり、その内容を著者の思いのままに「再認識」すること、これこそが〝正確に〟思想を明らかにすることである。

村岡は、本居宣長をこの学問の先蹤《せんしょう》として挙げる。宣長の学問は、『源氏物語』が、紫式部の思いとは異なって後世に解釈されているという〝怒り〟から始まっている。『源氏物語』があたかも仏教や儒教の教えを風諭教戒的に描いたものであるかのように捉えられていることを「漢意」＝牽強付会の説と否定したのである。

村岡は、宣長が古学入門者のために書いた『うひ山ぶみ』の次の一節を引用する。

古学とは、すべて後世の世の説にかかはらず、何事も古書によりて、その本を考へ、上代の事をつまびらかに明らむる学問なり。（本居宣長「うひ山ぶみ」）

ベックが提唱した「認識されたものの認識」は、すでに本居宣長によって実践されているとした。自分の主観を一切排除して、作者がこめた思いそのままに読み解くことが、日本思想史学の基礎であるとしたのである。

個人の創作　しかし実はこの「日本思想史の研究法について」という論文は、次の奇妙な一文から始まっている。

学問もまた個人の創作である。

（「日本思想史の研究法について」）

「認識されたものの認識」と、この「学問もまた個人の創作である」とは直接繋がらないように思える。ここまではむしろ、思想史家個人の〝創作〟をいかに排除するかに焦点を当てているからである。

では「個人の創作」とは何を意味しているのか。

村岡は、日本思想史学の端緒に宣長を設定しながらも、宣長が確立した国学に足りなかった歴史学の側面が日本思想史には必要として、「文献学的階段」と「歴史的階段」の二段階を設定したのである。

研究法の第一段である「文献学的階段」とは、「与えられた資料なる文献を、正しい姿に於いて、また正しい系列に於いて、而して正しく解釈して、その文献の思想を再認識する」内在的理解である。これは、自己の先入観を徹底的に排除して、「認識されたもの」そのままに再認識すること、つまり認識の〝再現〟をめざす。

しかし、ここで終わってはならない。

次に、第二段として「歴史的階段」を迎える。これは、歴史上の無限な資料のなかから、「史家の価値的見地から、一つの本質的のものを中心として」資料を「取捨」「撰択」し、「各資料間の思想的関係」を時間軸にそって、「終局の理想を目宛としての、進行の過程」＝「発展」の相で描き出すのである。

つまり、ひとつの資料に何が書かれているかを、先入観なく明らかにした後に、多くの文献が、歴史的にどのように繋がっているかを描き出すのである。

「認識されたものの認識」では徹底的に排除した思想史家個人の主観を、第二段では、むしろ積極的に入れることを推奨している。

歴史は決して、例へば鉱脈が地中に伏在して、発掘を俟つてゐる如きものでない。

（「日本思想史の研究法について」）

真実として存在するものを掘り起こすのではなく、「研究者によって考へだされねばならない」のであり、したがって「芸術的創作と相似」していると言うのである。このことが「学問もまた個人の創作である」に帰結する。

学問の目標と照らし合わせて考えれば、精読を積み重ねた文献を、自身の感性によって紡ぎ合わせることで、「日本的てふ特性」を創り出す――これを村岡は日本思想史学の作業としたのである。

そして今後、日本思想史を構築し、完成させるためには、村岡は三つの大きな障害があるとする。

日本思想史学会設立

第一に、日本思想史が現状では、学問として一人前に成ってをらず、「事実上大体に於いて未開拓である」こと。第二には、「自己を知るといふ事の困難は、個人の場合に於けると同様に国民の場合に於いても然り」であること、つまり「希望と事実と誤解されるおそれがあり、かつ愛国心といふ道義的感情がそこに禍ひするおそれさへある。而してこの事は現時の如き非常時局に於いていよいよ甚しい」という状況。そして第三に、日本のことを解明するためには、日本それ自体の研究ばかりでなく、他の諸文化や国民性との比較もせねばならないということ。こうしたハードルの存在を指摘した上で、村岡は次のように述べる。

要するに吾人は日本国民性の精神史的意義を明らかにする為には、少くとも以上の如き困難を克服しなければならぬ。而して以上の如き困難を克服して、はじめて達せらるべきが吾人の研究の任務であるとすれば、吾人の研究の結論は当然その時に至つてはじめて下さるべきである。果して然らば吾人としては吾人の研究は、今日に於いて未だ十分にこの任務を達成するに至るとは敢へて言得ない。

（「日本国民性の精神史的研究」『日本思想史研究　第五巻　国民性の研究』）

こうした学問的要求もあったことから、村岡は、昭和九（一九三四）年、日本思想史学会を創立する。この頃、すでに国文学専攻は国文学学会の経営を軌道に乗せ、本格的な学会としての運営がなされていたこと、国文学専攻の担当の山田孝雄が退官し、併せて国学談話会がなくなったということ、そして、「日本思想史」開講から十年という節目の年であったことなどが、「この時を期して、日本思想史学会を設けようとの機運が熟して来た」（『会報』）ということで、村岡にして学会構想を思い起こさせたとされる。

そこで、四月八日に村岡宅に重松信弘、高柳桃太郎、山本信道、青山嶺次、浅野明光の諸氏が集まり、創立のための打ち合わせの会を開き、会則や会報につき協議し、本年度委員として、高柳、浅野二氏が選ばれた。その後は、この二人が中心となり、会則と通知状を作成・印刷し、四月十八日に発送したところ、次々に入会の申込があったという。こうして四月八日を以て創立の日と定め、日本思想史学会は成立したのである。なお村岡の執筆で次のような通知状が送られた。

拝啓春暖相催し候ところ益々御清栄賀し奉り候さて今般当東北帝国大学に於いて日本思想史開講後第十学年を相迎へ候を期とし同封会規の如く日本思想史学会を設立いたし候志すところ敢へて現下一時の機運に乗ぜむとするに非ずむしろ少数の同志相携へて学問の永遠の相に於いて日本精神文化の真義を微顕闡幽せむとするものに有之幸ひに御賛同を賜はり候はゞ本懐の至りに御座候仍つて此段得貴奉り候　頓首

（「会内消息」『会報』第一号）

「学問の永遠の相」という表現が、村岡のすべての思いを表している。

この「日本思想史学会」は、村岡の逝去と敗戦の混乱のため、戦後は自然解体となってしまう。その後、昭和四十三（一九六八）年、東北大学日本思想史研究室第三代教授の石田一良《いしだいちろう》（一九一三〜二〇〇六）を中心に「日本思想史学会」は「再開」を果たす。そこから毎年大会を開き、学会誌『日本思想史学』を発行するなど、今に至るまで精力的に活動している。

7　チェンバレンと国体思想

「国体学」講座

一九三〇年代なかば以降、天皇に対する忠誠の国民道徳を、伝統思想の中核として強調する「日本精神」は、さらに盛り上がりをみせていく。そしてこの動向の頂点をなすのが、昭和十（一九三五）年、当時の岡田啓介内閣が始めた国体明徴運動である。

この年、貴族院における論戦をきっかけにして、美濃部達吉によるリベラルな憲法学説は「国体」に反するという攻撃が、在郷軍人や右翼団体から巻き起こり、軍部の急進派や野党の政友会もそれに同調した。

その結果、岡田首相もまた、美濃部の学説を否定して、天皇を「統治権の主体」とする学説を支持する声明を出し、「国体」に関する教育を強化する方針を打ち出す。その結果として、文部省は『国体の本義』（昭和十二年）を刊行して各学校と官庁に配布するとともに、大学での「国体学」講座の設置を推進する。

たとえば東京帝国大学文学部には「国体学」講座として「日本思想史」講座が新設され、国史学科教授であった日本中世史学者・平泉澄が、その講座を担当することとなった。京都帝国大学文学部にも「日本精神論」講座が設けられて、国史学の西田直二郎と哲学の高山岩男《こうやまいわお》の両名が担当している。

村岡は、昭和五(一九三〇)年に、それまでの論文をまとめた『日本思想史研究』(岡書院。後に増訂版が岩波書店から発行)を刊行し、そして昭和十四(一九三九)年には、その続きとなる『続 日本思想史研究』(岩波書店)から出版する。この書の「はしがき」には、次のように書かれている。

著者もこの学に志してからもはや数十年、今や偶《たま》ま、漸《よう》ぅ斯学の存在が、ともかくも世に認められる時に際会するを得たやを感ずる。(「はしがき」『続 日本思想史研究』)

「日本などは欧米に較べると、とても話にならぬ恥づかしい低劣な存在の様に勧ぜられて居た」(安岡正篤『増補改訂 日本精神の研究』)時から出発し、時代の大きなうねりのなかで、偶然にも、「日本思想史」という学問は隆盛を誇り、それは否応なく村岡も巻き込んでいく。

村岡は、昭和十(一九三五)年から昭和十九(一九四四)年にかけ、東北帝大だけではなく、東京帝大、東京文理科大などで毎年「国体」についての講義を担当することになる。

「国体思想の淵源とその発展」

戦後にまとめられた『日本思想史研究 第五巻 国民性の研究』に収められている「国体思想の淵源とその発展」と「近世に於ける国体思想の発展」は、この「国体」についての講義ノートが村岡没後に編集されたものである。

ただしここに少し不思議なことがある。古代から中世までを範囲とする国体思想史の前半を扱う

「国体思想の淵源とその発展」では、冒頭に「開講の辞」が設けられているが、この内容の多くが、チェンバレンというイギリス人の日本学者をめぐる議論で占められていることである。

これには、ひとつ時期的な理由がある。

村岡が、四月から「国体」講義を始める年の昭和十（一九三五）年二月十五日に、チェンバレンは、晩年を過ごしていたスイスのジュネーブで亡くなる。日本研究者として数々の業績を上げていたことから、日本でも、諸新聞でその死が報じられ、ゆかりのある追悼者の手により経歴・業績がまとめられ、掲載された。

村岡も「日本学者としての故チャンブレン教授」（『文化』第二巻第五号、一九三五年五月。後に『続　日本思想史研究』に収載。村岡は「チャンブレン」と表す）という追悼文を書く。最後に付された日付は三月十七日で、訃報からちょうど一カ月後のことである。これは単に亡くなった方の生前をしのび、いたみ悲しむ内容とは少し異なり、「附載」として「チャンブレン教授著作の年表及び解説」がついている。題名の通りチェンバレンの業績五十七編を紹介し、論文・著書名を英語の原題で記し、内容についてそれぞれ簡潔な解説をしている。この作業に村岡は一カ月を費やしたのであろう。時期的に「国体」講義の準備と並行して書かれており、そのために、チェンバレンについての言及が、「開講の辞」にも、大いに反映されることになったと推察できる。

「新宗教の発明」

ただし、両者の符合はもちろん時期的な理由だけによるのではない。この追悼文は、故人の業績の賞賛だけではなく、批判も行っている。追悼としては、はなはだ珍しいその批判が、「開講の辞」の内容に重なっているのである。

それは主に、チェンバレンが一九一二年、ロンドンで執筆した「新宗教の発明 The Invention of a Religion」という論文についての言及である。村岡の言葉でこの論文の要旨を表すと次のようになる。


現時日本の国民精神の焦点を為す忠君愛国教即ち Mikado-worship と Japan-worship とは、明治の官僚政治家によつて、新たに発明された宗教であるといふ（「国体思想の淵源とその発展」）


つまり、「尊王」「忠君愛国」「武士道」といった、日本で当時もてはやされていた理念は、実のところ日本を特徴づけるものでも、伝統に根づくものでもないただのフィクションで、近代になって政府が国民統合のために発明し、意図的に流布した宗教にすぎない、という主張である。本書の「はしがき」で言及したエリック・ホブズボウムの「伝統の発明」や、坂口安吾の「ニセの着物」を、彷彿とさせる指摘である。

チェンバレンは、明治十九（一八八六）年から四年間、帝国大学で言語学を担当していた。そこでは、村岡が幼年時に寄宿していた佐佐木信綱や、芳賀矢一などを教えている。こういった点からも、村岡への影響は多大であると言える。

また何よりチェンバレンの最大の業績は、『古事記』の英訳（明治十六年）である。村岡は「訳文の正確、脚注の適当、まさに模範的である。殊に序論の概説に至っては、わが古代文化の闡明に、古伝説の高等批評に、後の所謂新研究の魁を為したもので、本居の研究を祖述して、しかもこれに対して更に一新機軸を画したといふべきである」と讃えている。なおこの翻訳本の刊行は、村岡の『本居宣長』が刊行される三十年近く前である。

そして明治四十四（一九一一）年、チェンバレンは日本を離れ、スイスのジュネーブで余生を送るが、実は、東北帝大就任前の欧州留学中に村岡は、このスイスの地でチェンバレン本人との面会を果たしている。

「一九二三年の五月、独逸遊学中伊太利に旅した途次ジュネエヴを訪うた時、恰かも教授の住まへるレエマン湖のホテル・リッチモンドに宿り合せ、二十一日の午後、日本風にいはば三階の、第三十六号の教授の居室を訪ねて、面談する幸ひを得た些かの機縁を有する」と、後に回想している。

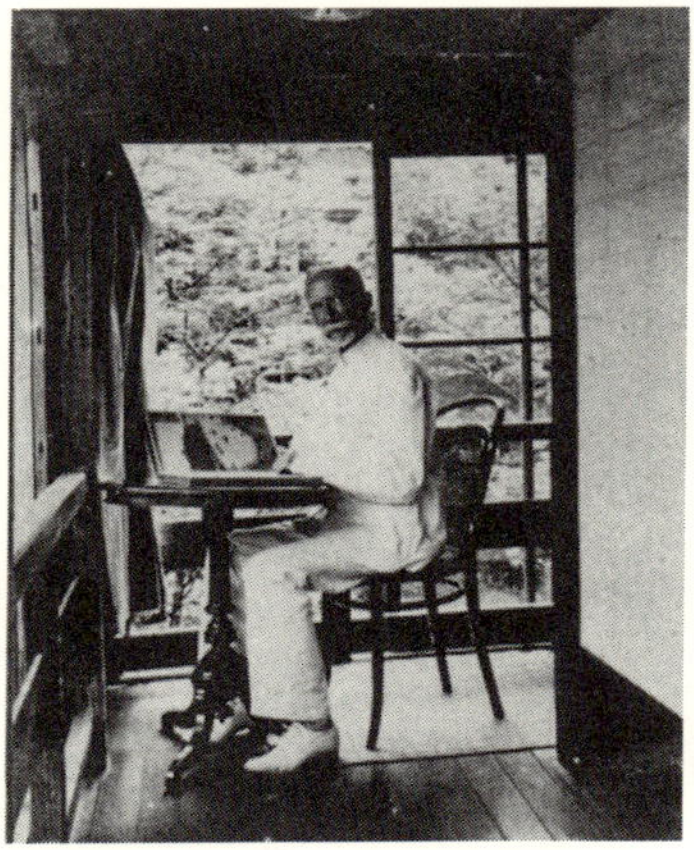

チェンバレン
（箱根，宮ノ下の富士屋ホテルにて）
（楠家重敏『ネズミはまだ生きている』より）

そして村岡はここで「学問の関する限り、本居はむしろ、この外人の一日本研究家によって、真に理解されたことは、吾人のかねて信じたところであった」という旨を伝えたところ、「教授は、例の洗練された上品な日本語で、過褒決して当らない旨を、謙譲な態度を以て語られた」と述べている（「日本学者としての故チャンブレン教授」）。

こうした関係性もあり、追悼文を書くに至ったわけだが、このような業績をもつチェンバレンが、なぜ「新宗教の発明」を書き、日本を批判するに至ったのだろうか。

その背景を、楠家重敏《くすやしげとし》『ネズミはまだ生きている――チェンバレンの伝記』をもとに、少し詳細に見ていきたい。

チェンバレンの嘆き

明治六（一八七三）年、二十二歳で初めて日本の土を踏んだチェンバレンは、築地の海軍兵学校で英語教師として勤務するかたわら、余暇を利用して日本研究に励む。

この頃日本は、明治最初期の復古的要素も薄れ、あらゆるものが新しく始められていた時期であり、たとえば明治六年だけに限っても、キリスト教禁教が解かれ、種痘、官吏の洋服が採用された。一方で「文明開化」の免罪符をもって、「旧物破損」が公然と許された時期でもあった。興福寺の五重塔や姫路城の天守閣が入札にかけられ、今日ではきわめて高価な書籍や美術品が、タダ同然の価格で売買されていた。

このような風潮は行き過ぎであり、チェンバレン自身も古き良き日本が失われていることを嘆いていた。

われわれ外国人は、単なる傍観者にすぎないから、平凡なヨーロッパの諸様式が、あのきらびやかな、魅力的な、絵のように美しい東洋趣味にとって代ったことを、ときには残念に思うこともある。

（チェンバレン『日本事物誌2』）

しかし、チェンバレン自身は日本政府の近代化政策にのって、職を得ていく。海軍兵学校の英語教師となったのもそのひとつであり、何よりも森有礼の推薦によって、帝国大学文科大学の教授の職を得ることができたのは、この大きな流れによるものである。

この国のヨーロッパ化は生死の問題であると自覚した瞬間から、彼らは……改革と進歩の仕事を続けることを決して止めていない。

（チェンバレン『日本事物誌2』）

しかし、政府の欧化政策も次第に陰りを見せ始めていた。

明治二十（一八八七）年四月、日本政府は、1、欧米主義による法典編纂、2、外国人裁判官の任用、3、内地雑居などを内容とした条約改正案を決定した。時あたかも英船ノルマントン号事件が発生し、不平等条約に対する国民の怒りは沸騰していた。在野の政府攻撃は続き、同年九月、井上馨外務大臣は辞職を余儀なくされた。これ以後、国論は「欧化」から「国粋」へ移ってゆくのであるが、チェンバレンは友人・ラフカディオ・ハーンに宛てた手紙（一八九三年六月十四日付）で次のように記している（以下、チェンバレンの手紙は、小泉一雄編〝More Letters from Basil Hall Chambaerlain to Lafcadio Hearn〟より)。

東京も熊本と同じく、外国人による土地所有についての騒動があります。こうした騒ぎのほとんどが一八八七(明治二十)年以来経験してきました反動とナショナリズムの当然の帰結のように思えるのです。

御雇外国人の解雇

では明治二十年以来、チェンバレンが経験した日本人の「ナショナリズム」とはなんであったのだろうか。

生命をとる勇気――自分の生命でも他人の生命でも――これは一般の尊敬の中で特別に高い地位を占めている。政治的な暗殺も、命知らずの無法者が自分の血を流して遂行するや否や、世間から許されるように思われる。西野文太郎という神道の狂信者は、一八八九(明治二二)年の憲法発布の日に文部大臣の森(有礼)子爵を殺害し、彼自身もその乱闘で斬り殺されたが、ほとんど神のように尊敬され、彼の墓はいつも花で飾られ、その前に香がたかれ、その上に詩の短冊がかけられ、それに人びとが参詣した。

(チェンバレン『日本事物誌1』)

明治二十二(一八八九)年二月十一日の大日本帝国憲法発布の日に森有礼が暗殺された。犯人の西野文太郎は、伊勢神宮での森の行動に怒って事件を決行した、と伝えられている。チェンバレンが帝国大学文科大学の教授の席を得たのは森の後押しによるものであったこともあり、彼は強い衝撃を受ける。

さらに事件は続く。井上馨が外務大臣を辞任したのち、首相の伊藤博文が一時これを兼任していたが、明治二十一（一八八八）年二月から大隈重信が外相となった。早稲田大学を創設した、あの大隈である。

大隈はメキシコと平等条約を結ぶなど功績を上げたが、対欧米交渉では外国人判事任用問題が国民の反発を買ってしまう。そして、明治二十二（一八八九）年十月十八日の閣議の帰路、外務省門前で玄洋社の来島恒喜《くるしまつねよし》に爆弾を投ぜられて、大隈は隻脚を失ったのである。

明治二十三（一八九〇）年に帝国大学を辞職したチェンバレンは、翌年の明治二十四年四月二日にハーンへあてた手紙の追伸で次のような短い言葉を記している。

たくさんの御雇外国人が政府から解雇されました。時節が悪いのです。

御雇い外国人が大量解雇されることはチェンバレンにとって他人事ではなかった。彼の代表作『日本事物誌』（第二版）でわざわざ「御雇外国人」という項目を設けて、「御雇外国人は新日本の創造者である」と主張し、彼らが果たした業績を高く評価したのも、こうした明治政府の冷たい仕打ちへのいる。

反発があったためと言われる。さらに、同書の「狂信的愛国主義」という項目で、次のように書いて

もちろん、何年かの間は、「外国のもの」(foreign)と「良いもの」(good)とは同義語であった。……このような状態は一八八七年〔明治二〇年〕に突然に去った。今の国民感情は「日本人のための日本を! 日本人の日本にせよ」である。

(チェンバレン『日本事物誌1』)

内村鑑三不敬事件と久米邦武筆禍事件

さらに、明治二十四(一八九一)年一月九日、内村鑑三《うちむらかんぞう》不敬事件が起きる。第一高等学校の始業式において講師・内村鑑三が教育勅語に対する拝礼を拒否したため、これを国家主義者が激しく批難した、という事件である。この余波を受けてキリスト教がかなり排撃されたのである。

それに関連して、同年十一月十七日に文部省が各学校へ下付した天皇・皇后の御真影と教育勅語謄本を校内の一定の場所に「最モ尊重ニ奉置」するように訓令した。この事実はチェンバレンの目には、明らかに万人の持つ「信教の自由」を犯す、国家による思想統制として映った。

御真影拝礼―この礼儀作法の問題は、外国人やこの国のキリスト教信者たちに大きな不満をひきおこした。この習慣は古いものではなく、一八九一年〔明治二四年〕に遡るにすぎない。これは尊王主義《インピーリアリズム》

の現代復活の結果として、他の多くのものと同じく発生した。

（チェンバレン『日本事物誌1』）

さらに翌明治二十五（一八九二）年にもチェンバレンを嘆かせる事件がおこる。

日本歴史の発端は遠い古代に遡ることなく、ヨーロッパ諸国と対比することができるほど近い時代にあるということは、批判的研究者のすべてが知っている事実である。……しかし日本の官僚は、このように不都合な事実を明るみに出すことを欲しない。通説の路からさ迷い出た〔異端の説を唱える〕日本人の大学教授こそ災難である。

（チェンバレン『日本事物誌1』）

明治二十四（一八九一）年、久米邦武《くめくにたけ》は『史学会雑誌』に「神道ハ祭天ノ古俗」という論文を発表し、日本古代の神道は本来宗教ではなく東洋古代の祭天の古俗であることを主張した。神道家や国体論者がこれに反発し、結局、久米は帝国大学の教授の職を追われたのである。

チェンバレンが学者として最も恐れるのは、事実を曲げることであった。ハーンに次のような手紙を書き送っている（一八九一年八月二十六日付）。

明らかに貴殿は正しい方法に従って仕事をすすめています。事実と経験の蓄積により、理論は――もし理論がありますならば――これから自然と生ずるという方法です。ところが多くの人々がおこなっているのは、証明すべき理論から仕事を開始する方法です。こうした方法はあらかじめの概念が事実を曲げてしまうのです。前者の方法が――いっそう真理であるがゆえに――どれほど無限に実り豊かなものでありましょう。

「一本足の学者」

こうした明治二十（一八八七）年以来経験してきた森有礼暗殺、大隈重信暗殺未遂事件、御雇外国人大量解雇、大津事件、内村鑑三不敬事件、久米邦武筆禍事件によって、チェンバレンの日本観は〝悪化〟していった。

明治四十四（一九一一）年四月二十二日、森鷗外は『東京経済雑誌』に「鼎軒先生」という田口《たぐち》卯吉《きち》に対する人物評を書いた。

新しい日本は東洋の文化と西洋の文化とが落ち合つて渦を巻いてゐる国である。そこで東洋の文化に立脚してゐる学者もある。西洋の文化に立脚してゐる学者もある。どちらも一本足で立つてゐる。

一本足で立つてゐても、深く根を卸した大木のやうにその足に十分力が入つてゐて、推されても倒れないやうな人もある。さう云ふ人も、国学者や漢学者のやうな東洋学者であらうが西洋学者であらうが、有用の材であるには相違ない。

併しさう云ふ一本足の学者の意見は偏頗である。偏頗であるから、これを実際に施すとなると差支を生ずる。東洋学者に従へば、保守になり過ぎる。西洋学者に従へば、急激になる。現にある許多の学問上の葛藤や衝突は此二要素が争つてゐるのである。

そこで時代は別に二本足の学者を要求する。東西両洋の文化を、一本づゝの足で踏まへて立つてゐる学者を要求する。

真に穏健な議論はさう云ふ人を待つて始て立てられる。さう云ふ人は現代に必要なる調和的要素である。

然るにさう云ふ人は最も得難い。……

そして世間では一本足同士が、相変らず葛藤を起したり、衝突し合つたりしてゐる。

（森鷗外「鼎軒先生」）

チェンバレンについて書かれた文章ではないが、彼こそは西洋文化を背景に日本を中心とする東洋文化を研究した「二本足の学者」であったかもしれない。しかし、この文章が発表された同年同月、隠棲の地と定めたスイスのジュネーブにチェンバレンが到着した。そして翌年に書いたのが「新宗教の発明」であった。

思想史の存在

このように、チェンバレンの「新宗教の発明」は、明治二十年代以降にいちじるしくなった国粋主義的傾向に対する警鐘であり、明治後半期の彼の日本観を集大成したものだったのである。

国体講座の「開講の辞」で村岡は、「この所謂新宗教の根本たる、宗教的又国民的情操の淵源し由来するところを全然否定して、そを全然無から作られたものと見ようとするのは、決して我国民精神の歴史を、而して又ひろく精神現象の本質を理解したものとは言ひ得ない」とする。つまり、チェンバレンのいう「新宗教」としての「忠君愛国」が近代化の過程の中で強調されたことは認めつつも、「淵源し由来するところ」、いわば歴史を通じて受け継がれている日本固有の国体の存在を村岡は積極的に認め、それに対する理解がチェンバレンには不足していた、とする。

ただしここでは単にチェンバレンを批判対象にするのではなく、日本人同胞に「単なる信念の吐露や感情の発表」ではない「学問としての思想史」の確立を、厳しく求める。

教授〔チェンバレン〕の如き自由と科学的正確とを神とする外国人の真理の学徒をして首肯せしめ承認せしめる為めには単に自国の国民精神について自己を感情的に語るのみでは無益である。学問的に論証されねばならぬ。Chamberlain〔チェンバレン〕の新宗教説が我々の国民的感情に offensive であることは言ふまでもない。この点については吾人も亦当時の多くの論者と同感である。併しながら吾人は学徒としていたづらに憤激する前に、我々の研究の不完全さを反省しなければならぬ。しかも所謂国民精神の主張に於いて感激するに急で、反省し論証するにおそく、説教に盛んであるにも拘らず、学的論証に乏しい憾みは、決して今日といへども教授が新宗教発明説に劣らないであろう。而してかくの如き論証はまさしく我等学徒の任務に外ならないが、そは又決して必ずしも容易の事ではない。公正にして誠実なる学問的態度と妥当なる学問的方法とによつて十分に対者の理性にappealするものでなければならぬ。勿論単なる信念の吐露や感情の発表であつてはならない。而してこの場合所謂学問的とは具体的にいかなる意味に考ふべきかといふと、吾人はここにかかる問題を取扱ふべき学問として思想史が存在すべきことを指摘する。

（「国体思想の淵源とその発展」）

村岡もまた「二本足の学者」であった。西洋哲学やキリスト教への知識を豊富に有しながら、学問としての「日本思想史」に立ち向かうその姿勢は、「東西両洋の文化を、一本づゝの足で踏まへて立つてゐる学者」（森鷗外「鼎軒先生」）そのものである。

チェンバレンと村岡典嗣。

共に時代の荒波に翻弄され、ある点において対立も見せた二人だが、「日本」における「学問」に、真摯に立ち向かう両雄であった。

山田孝雄の公職追放

戦前から戦中にかけての一時的な「日本思想史」もしくは「国体学」ブームは、昭和二十（一九四五）年、敗戦とともに終わりを告げる。東京帝大の「日本思想史」講座も京都帝大の「日本精神論」講座も廃止され、それぞれの講師であった平泉・西田・高山の三名は公職追放となった。

そして山田孝雄も同様の憂き目を見る。戦時下における皇国史観の確立と普及を図る目的で、文部省は国家事業として「正史」を編纂することを計画、昭和十八（一九四三）年、国史編集事業が閣議決定され、正式に開始される。

すでに山田は「国史編集準備委員会」委員として、準備段階から参画し、翌昭和十九（一九四四）年の十二月には編集の実際を担う五名の「国史編集官」の一人に任ぜられた。そこで山田は次のような評価を得ていた。

同人は現代に於ける国学の最高権威にして国史にも其の学識頗る深く皇国史観に透徹せる稀に見る碩学なり（任免裁可書）

「国学の最高権威」と評価され、任命された山田だが、この国史編集事業を進める国史編集院の設置はなんと、昭和二十（一九四五）年八月十五日付け（公布十六日）勅令によるもので、院長就任も、公布の翌十七日であった。つまり国史編集院とは、敗戦直前に設置が決定され、敗戦直後に設置された組織であった。その後GHQによる占領統治が開始されると、山田は辞表を提出し、同年十一月依願免官となり、編集院も機能を停止する。

そして「国学の最高権威」は、追放者の一人となったのである。

『本居宣長全集』

村岡の戦中は、「国体」講座のほかは、もっぱら自身が編纂・校訂をした『本居宣長全集』の刊行に費やされた。村岡は、日本思想史の学問的確立に向けて、これまで見てきたような内容や方法論への考察・論考だけでなく、日本思想史の古典の校訂・刊行にも力を注いだ。後世への研究対象物の整理と言える。それらを年代順に並べると、以下のようになる。

昭和五（一九三〇）年　司馬江漢『天地理談』岡書院
昭和九（一九三四）年　本居宣長『玉勝間　上』岩波文庫
本居宣長『玉勝間　下』岩波文庫
本居宣長『うひ山ふみ・鈴屋答問録』岩波文庫
本居宣長『玉くしげ・秘本玉くしげ』岩波文庫
昭和十一（一九三六）年　本居宣長『直毘靈　玉鉾百首・同解』岩波文庫
新井白石『読史余論』岩波文庫
新井白石『西洋紀聞』岩波文庫
昭和十三（一九三八）年　山崎闇斎『垂加翁神説・垂加神道初重伝』岩波文庫
昭和十四（一九三九）年　林子平『海国兵談』岩波文庫
昭和十五（一九四〇）年　山鹿素行『聖教要録・配所残筆』岩波文庫

そして、昭和十七（一九四二）年十二月十二日に『本居宣長全集』第一冊（岩波書店）を刊行したのを皮切りに、翌年の五月、八月、十一月にはそれぞれ第二冊、第三冊、第二十五冊を出し、昭和十九

（一九四四）年には、二月に第二十六冊、八月に第十三冊を刊行する。

終戦直前のころ、村岡は学生に次のように語ったという。

今もし離れ小島に移住するにただ一巻の書を携えることが許されるとしたら君は何を選ぶか、私は本居全集を選ぶ、と。また終戦後、これからの私の仕事は——私がやらねばならない仕事——は三つある。一つは本居宣長全集（岩波版、先生編集）を完成すること、一つは仙台の吉利支丹関係の研究を完成すること、一つは日本思想史概説を完成すること、であると。

（「後記」『日本思想史研究　第四巻　日本思想史概説』）

しかし、この思いは遂げられることはなかった。村岡典嗣編集『本居宣長全集』は全二十九巻（別冊一冊を含む）が予定されていたが、村岡の死去によって既刊六冊をもって終了となった。

終章　学問の永遠の相

敗戦の原因

昭和二十（一九四五）年九月、敗戦を迎えた翌月に村岡は、「日本精神を論じて敗戦の原因に及ぶ」と題した講演を行った。会場は、空襲によって屋根が半分ほど壊れている階段教室であり、聴衆は、学生や教職員ばかりでなく、多くの一般市民も詰めかけた（二日にわたったこの講演は、同年十一月中旬、村岡の手によって「日本精神を論ず――敗戦の原因」という文章に整理された）。

この講演の目的は、題名にも表れているように、敗戦の原因を突き止め、責任の所在をはっきりさせることであった。村岡は、日本思想史家として、「日本精神」を語ることでそれを明らかにしようとした。

「日本精神」には、「国体」と「世界文化の摂取」の二つの特徴がある。「国体」とは、天皇中心の血族的国家ということであり、建国以来一貫して、万世一系の皇室を戴いて、国が成り立ってきたという形である。「世界文化の摂取」とは、そうした「国体」を基盤としつつ、常に諸外国との交渉、接触をし、儒教、仏教、そして西洋文化など、世界のすぐれた文化に対して、これを受け入れてきたという歴史的事実である。

そして、「全体としてこの二つが一貫して顕著なる特色をなし、我国の歴史を構成してゐることは、之を諸外国の場合に比較して明白疑ふべからざるものがある」にもかかわらず、今回の戦争は、「他国に対して、世界文化摂取の歴史的態度に存した如き認識を忘失」したこと、これが「凡ての根本であつた」とする。

つまり「日本精神」を構築する二つの柱のうち、一つを完全に失っていたということになる。問題は、なぜ忘却してしまったのか、である。


日本精神の語は近時盛んに宣揚されて、一般の通念となつたにも拘らず、十分な学問的省察を経ず、寧ろ感情的に主張された観があり……十分なまた公正な学的認識を欠き、その結果不知不識自己陶酔に陥り、自ら誤り世を―指導者階級を始め一般を、誤らせ、自ら諸々の方面に作用し、前記の〔敗戦に関する〕諸々の原因の根底とはなつた。

（「日本精神を論ず――敗戦の原因」『日本思想史研究　第五巻　国民性の研究』）

しっかりとした「学的認識」がないまま、「日本精神」は過剰に喧伝されてしまった。このために驕りが生まれ、あたかも「国体」のみが「日本精神」であるかのように錯覚することで、「自己陶酔」

に陥り、世界の把握を誤り、戦争へと繋がっていったのである。

日本精神に対する明瞭なる認識にもとづく叡智の欠乏が考へらるべく、遡ってその事あらしめた原因として、我国の学界に於ける、自国に対する真の学問的研究の未開拓や軽視が看過しえない。

（「日本精神を論ず――敗戦の原因」）

こうして、敗戦の原因を学問的精神の欠如すなわち学問の独立の無視にあったとし、日本人同胞に猛烈な反省を促したのである。

一方で、これまでの歴史において、日本人が成し遂げてきた「義勇奉公、忠君愛国の精神と功業」は、今回の敗戦によって否定されるわけではないとし、「日本精神に基づいた民主主義の実現こそ我国が世界に貢献すべき」方法であると、力強く「新日本の建設」を呼びかけた。

最後の仕事　この講演後、村岡はこれまで続けてきた平田篤胤研究のまとめに取り掛かる。秋田県の仙北郡六郷村東根にある知人宅にお世話になり、鳥海山《ちょうかいさん》が地平線の彼方にみえる二階の一室で筆を進め、講演から二カ月後の十一月十九日に全作業を終える。なお秋田県は平田の故郷であった。

しかし村岡は、この平田論の整理が終わるや否や病床に臥してしまう。昭和二十一（一九四六）年三月末には東北帝国大学を定年退官するが、その最後の教授会に出席し、挨拶をすることができなかった。代わりに一書をしたためたが、そこには長年、大学の教授として学究生活に専念できた自身の幸せが書かれていた。

そして同年四月十三日、村岡は仙台の病院の一室で静かにその生涯を終えた。享年六十二歳（満六十一歳）。結核であったと言われている。最期の日の様子について、晩年の村岡が最も信頼した門弟の梅沢伊勢三《いせぞう》（一九一〇～八九）が、村岡逝去後さほど時間を隔てず、きか（起家）夫人に話をきいた記録が残っている（曽根原理「村岡典嗣の臨終――梅沢文書の二点の資料から」）。

十三日（四月）

朝四時頃覚眼覚めて「起きてゐるか」と私を呼びますので、これに答へますと、「一昨日は一寸寝苦しかったが、昨夜はよく眠れて大変気持がいい。のどがかはいたから、お茶を一杯くれないか」と申しますので、すぐ電熱器に薬缶をかけて湯をわかしはじめましたところ、湯のわく間、元気に色々の話をしはじめました。

「附き添いもよく世話をしてはくれるが、矢張り何かと身内の者の方がいいね。不思議な御縁であなたには大変お世話になった。」などと冗談めいたことをいって笑ったりいたしました。……

そのうちに湯がわいて来ましたので、早速湯呑にお茶をついで出しましたところ、いかにも美味しさうに音をたてて呑み、「お茶はおいしいものだ。この味のわからぬ人は不幸だね。お前も呑みなさい。」などといい乍ら、大きな湯呑に二杯半ほどもいただきました。……

いつになく又いろ〳〵おしゃべり致しますので、「あまりお口をお丶になつては疲れますから少しお休みになつたら」と申しますと、「それもそうだ。ではごはんの出来るまで静かに歌でも考へやう」。

（梅沢伊勢三「村岡典嗣先生の臨終（きか夫人談）」東北大学史料館所蔵）

四月十七日、宮城県仙台市にある曹洞宗円福寺にて葬儀が執り行われた。

生前、見舞いに訪れた息子の村岡晢は、床の上にゲーテの『エッカーマンとの対話』が開かれていたことを回想しており、佐佐木信綱は、「村岡典嗣君は、学問のために身をささげた努力家である」（「序」『日本思想史研究　第三巻』）と評したが、これ以上に村岡を評するに適切な言葉はないであろう。なお晢は、村岡の棺の中に、筆墨などの遺愛の品とともに、本居宣長が初学者のために書いた『うひ山ぶみ』を収めたという。

遺稿集　村岡の死後、友人門下の人々によって遺稿集『日本思想史研究』全五巻（創文社）が編まれた。著作集を刊行するに当たって巻頭に据えられたのは、次のような言葉である。

日本思想史という学問は、今や学界に確たる地歩を占め、その研究に携わる学者もまた少くない。しかし、この学問の揺籃期ともいうべき大正時代から、一科の近代的学問としてこれを体系的に組織しようとし、その基礎づけに専心努力した最も有力な学者として、故村岡典嗣教授の名を忘れることは出来ない。

……思うに明治以来、日本の精神文化の研究に専念した学者は必しも少くない。しかしその中にあつて、村岡教授は近代的な実証精神と犀利な哲学的思索力とをもつて、日本思想史という新しい学問の確立に重要な布石と道標とを遺したのであつた。このことは近代学問史上における教授の最も大きな功績というべきである。その確実精到な具体的研究と透徹せる理論的基礎の設定とは、ともに高く評価されるべきことであるが、就中《なかんずく》わが国精神文化の研究における偏向、偏見を排除し、真の学問的精神を導入したことは特筆されねばならない。……

生前、教授はこと学術に関しては頗る厳格な態度を持し、論説の公表の如きは最も慎重をきわめ、決してこれをかりそめにすることがなかつた。

（村岡典嗣著作集刊行会「序」『日本思想史研究　第一巻　神道史』）

「日本思想史という学問の確立に布石と道標とを遺した」村岡であったが、時代は唸りをあげていた。『日本思想史研究　第三』の「あとがき」（昭和二十二年八月）の中で、村岡哲が「時流は大きく動き、父がその創設をひそかに満足としてゐた日本思想史学の講座も或は流されようとしてゐる。この時代にあつて、本書〔『日本思想史研究』〕の刊行が如何なる反響を呼ぶかについては予想されぬこともない」と記している。村岡自身も、最後の仕事となった『平田篤胤』は、次のように結ばれている。

要するに篤胤は、現時に於いても否現時に於いてこそ、益々理解し発揮すべき意義ある我国の偉人の一人である。吾人は同胞の中に彼を有することを、敢へて誇り得る。若夫時局の変転によつて、にはかに彼を説くを憚り、又は埋没せしめる如きは、決して新日本の文化的創造に参与する所以でない。

（「平田篤胤」）

まさに戦後の「時流」を予期する指摘である。実際に平田篤胤は「時勢の変転とともに、今やあるいは超国家主義者として、あるいはさらに戦争の究極的責任まで負わされて排撃されるに至っ」（村岡哲「村岡典嗣」『史想・随想・回想』）ていた。

そして村岡典嗣は、戦後長きにわたって忘れられることになる。それはやはり村岡の学問の主とした対象が、本居宣長や平田篤胤といった国学であったことと関係があるだろう。

戦時中にもてはやされたあらゆる本と同様に、大ざっぱに荒縄でひっくくられて、ごみための中へ捨てられた、いとうべき醜悪な、忘れさらるべき汚らわしい本の一つとかんがえられ……

（三島由紀夫『葉隠入門』）

これは、武士道について書かれた『葉隠』についての三島由紀夫による言及であるが、国学においてもほとんど同じ状況であったであろう。「いとうべき醜悪な、忘れさらるべき汚らわしい」ものとして、「ごみための中へ捨てられた」のである。

再評価の兆しは、意外なところから現れる。
昭和三十一(一九五六)年、評論家、小林秀雄が「本居宣長」の連載を開始し、その後十一年にわたってこれを書き継ぎ、昭和五十二(一九七七)年に『本居宣長』として刊行する。一大ベストセラーになったこの著作のなかで、以下のように言及されている。

村岡典嗣氏の名著「本居宣長」が書かれたのは、明治四十四年であるが、私は、これから多くの教示を受けたし、今日でも、最も優れた宣長研究だと思っている。
(小林秀雄『本居宣長』)

戦後評価

その後、平成六(一九九四)年、新保祐司『日本思想史骨』所収の「村岡典嗣――学問の永遠の相の下」(初出は季刊『アステイオン』平成四年秋季号)でその人と思想について掘り下げられ、平成十五(二〇〇三)年の『季刊日本思想史』第六十三号が、「日本思想史学の誕生――津田・村岡・和辻」という特集を組み、津田左右吉、和辻哲郎と並ぶ人物として村岡は位置付けられるに至る。平成十六(二〇〇四)年五月、平凡社の東洋文庫に村岡の『新編日本思想史研究 村岡典嗣論文選』が入った。つづいて、『増補本居宣長』が全二巻となって、平成十八(二〇〇六)年の一月と三月に刊行されるに至った。

その後も、池上隆史が精力的に資料を掘り起し、村岡の詳細な年譜を作成し、また村岡が残した草稿の多くは、東北大学史料館に村岡典嗣文書として所蔵されており、有志者によって整理され、現在一般公開されている。

学問の永遠の相

『本居宣長』が刊行された年に生まれた村岡晢は、この書にある「本居宣長は学者である」という言葉に、「正大にして純粋な学問的精神を体現した日本の真の学者宣長に対する傾倒の念」を「感得」し（村岡晢「村岡典嗣」）、次のようにも述べている。

こうして典嗣はまず初めに本居宣長の研究に入ったが、翁（本居宣長）の純正な学問的態度に強く心を打たれた。とくに『玉勝間』の有名な「師の説になづまざる事」や、「わがをしへ子にいましめおくやう」の項の中には、波多野教授が不断に愛誦しかつ説いた「プラトンを愛す、されど真理はなほいとし」（amicus Plato, sed magis amica veritas）と全く同一の精神を見出し、いよいよ深くその中に沈潜して行った。そうして、学問論そのものはもとより哲学の任務であり、学徒はそれぞれ専門の研究に従うべきものとしながらも、この哲学的精神は不可欠となし、自らの研究につき不断の反省を加えたのであった。右のようなわけで、典嗣にはいわゆる学問論を公けに論じたものはないが、のちに大学の講義の際などには折に触れて説いたもののようで、それとおぼしいメモのたぐいは遺されている。すなわち、学問は全人格に根ざす道であり、職業のための術、論理の遊戯、一時の方便・手段ではなく、それ自らに目的を有する普遍の道である。従って学徒は何よりもまず道徳的人格者でなければならず、とくに学徒としての至要な徳目としては、虚偽・速成を排する誠実、不公平・僻見を排する公正、慢気・偏執を排する謙虚の三つがあげられている。これらに徹して初めて、学的態度は真理に対する敬虔さにおいて純真なるを得る、と。

（「波多野精一博士のこと――村岡典嗣没後三十年」『史想・随想・回想』）

村岡自身も、『本居宣長』の「再版のはじめに」の中で次のように書いている。

学問の永遠の相に於いて、日本精神文化の真義を闡明せむとする業の、益々発展を見むことは、而してその結果として、本書に取扱つた如き題目に於いても、幾多の後賢の新しい業績の出現せむことは、吾人の切望に堪へないところである。

（『本居宣長』）

村岡典嗣にとって、自身の死は問題ではなかったかもしれない。なぜなら「学問」によって、すでに「永遠」を手に入れていたからである。

村岡が初代教授をつとめた東北帝国大学日本思想史専攻は、村岡の死後、竹岡勝也《たけおかかつや》（一八九三～一九五八）に引き継がれる。竹岡は、敗戦の混乱の時期を福岡や札幌で過ごした後、昭和三十（一九五五）年から退官までの二年間、東北大学の日本思想史講座の教授を担当した。村岡・竹岡両教授時代の東北（帝国）大学日本思想史研究室の卒業生は、『東北大学五十年史』によると、「村岡時代二〇余年に旧制二三名、竹岡時代に入って新制九名」となる。決して多くはないが、主に文化史の分野で活動した平重道や大森志郎、大学史や図書館学の分野で先駆的な業績を残した原田隆吉、記紀神話の研究によって知られる梅沢伊勢三、邪馬台国論争などで知られる古田武彦などが卒業生として活躍している。

そして現在も、東北大学大学院文学研究科の日本思想史研究室は、多様な人材を輩出し、多くの学生が学んでいる。東北大学のホームページには次のように書かれている。

日本思想史学は諸外国や諸民族との対比において、「日本的」なものの考え方や価値観の形成過程とその独自性を、それを相対化する潮流をもふくめて、歴史的な視点から客観的に明らかにしようとする学問です。この列島上で展開された、古代から現代までのさまざまな思想的・文化的な営みを広く明らかにすることによって、人間とは何か、「日本人」とは何か、人と人のつながりとは何か、といった問題を探っていくことを目的としています。

村岡が託した「学問の永遠の相」は、確かに紡がれている。

主要参考文献

村岡典嗣による著作

○著作
『本居宣長』警醒社書店、一九一一年
増訂『本居宣長』岩波書店、一九二八年
『日本思想史研究』岡書院、一九三〇年。
『増訂　日本思想史研究』岩波書店、一九四〇年
『国民精神の淵源』文部省内思想問題研究会編、青年教育普及会、一九三三年
『素行・宣長』岩波書店〈大教育家文庫第6〉、一九三八年
『日本文化史概説』岩波書店、一九三八年
『続　日本思想史研究』岩波書店、一九三九年
『平田篤胤』生活社〈日本叢書59〉、一九四六年
『日本思想史研究　第三』岩波書店、一九四八年
『日本思想史研究　第四』岩波書店、一九四九年
『村岡典嗣歌集』青山なを・丸山キヨ子編輯、日本思想史學會、一九五二年
「早稲田大学改革運動史」『早稲田大学史記要』通号4、早稲田大学、一九七一年

『日本思想史研究　第一巻　神道史』村岡典嗣著作集刊行会編、創文社、一九五六年
『日本思想史研究　第二巻　日本思想史上の諸問題』村岡典嗣著作集刊行会編、創文社、一九五七年
『日本思想史研究　第三巻　宣長と篤胤』村岡典嗣著作集刊行会編、創文社、一九五七年
『日本思想史研究　第四巻　日本思想史概説』村岡典嗣著作集刊行会編、創文社、一九六一年
『日本思想史研究　第五巻　国民性の研究』村岡典嗣著作集刊行会編、創文社、一九六二年
『新編　日本思想史研究　村岡典嗣論文選』前田勉編、平凡社〈東洋文庫726〉、二〇〇四年
『増補　本居宣長1』前田勉校訂、平凡社〈東洋文庫746〉、二〇〇六年
『増補　本居宣長2』前田勉校訂、平凡社〈東洋文庫748〉、二〇〇六年

○校訂・編著
『吉利支丹文学抄』村岡典嗣編、改造社、一九二六年
本居宣長『玉勝間　上』村岡典嗣校訂、岩波書店、一九三四年
本居宣長『玉勝間　下』村岡典嗣校訂、岩波書店、一九三四年
本居宣長『うひ山ふみ・鈴屋答問録』村岡典嗣校訂、岩波書店、一九三四年
本居宣長『玉くしげ・秘本玉くしげ』村岡典嗣校訂、岩波書店、一九三四年
本居宣長『直毘靈・玉鉾百首・同解』村岡典嗣校訂、岩波書店、一九三六年
新井白石『読史余論』村岡典嗣校訂、岩波書店、一九三六年
新井白石『西洋紀聞』村岡典嗣校訂、岩波書店、一九三六年
山崎闇斎『垂加翁神説・垂加神道初重伝』村岡典嗣編・校訂、岩波書店、一九三八年
林子平『海国兵談』村岡典嗣校訂、岩波書店、一九三九年

山鹿素行『聖教要録・配所残筆』村岡典嗣校訂、岩波書店、一九四〇年
『本居宣長全集』(第一冊・第二冊・第三冊・第十三冊・第二十五冊・第二十六冊)村岡典嗣編、岩波書店、一九四二～四四年

○翻訳
ルイ・オウギュスト・サバティエ『宗教哲学概論』波多野精一・村岡典嗣訳、内田老鶴圃、一九〇七年
ヴィルヘルム・ヴィンデルバント『ヴィンデルバント近世哲学史　第壱　近世初期の部』村岡典嗣訳、内田老鶴圃、一九一四年
ヴィルヘルム・ヴィンデルバンド『近世哲学史 上巻』村岡典嗣・村岡哲訳、角川書店、一九五三年

村岡典嗣に関する先行研究

○年譜
池上隆史「村岡典嗣年譜」(1)～(4)、『日本思想史研究』34・35・37・38、二〇〇二年、二〇〇三年、二〇〇五年、二〇〇六年
池上隆史「村岡典嗣年譜――東北帝國大學文化史學第一講座着任から日本思想史學會成立まで」(上)・(下)、『年報日本思想史』2・3、二〇〇三、二〇〇四年

＊『村岡典嗣著作集』(創文社)掲載年表・講義草案関係年表を底本とし、村岡の著作・論文と、村岡に関する証言等の中から、適宜年譜的事項を採択し、さらに関係者の証言や池上氏自身が掘り起こした新資料などをもとに作成されたものであり、この調査・研究がなければ本書の作成は不可能であった。

○伝記的研究
家永三郎「日本思想史学の過去と将来」『日本思想史の諸問題』斎藤書店、一九四八年
梅沢伊勢三「村岡典嗣教授における思想史の方法――特に価値観と歴史叙述の関連について」『日本思想史学』6、一九七四年
原田隆吉「村岡典嗣」永原慶二ほか編『日本の歴史家』日本評論社、一九七六年
伊藤友信「日本思想史学の大成者〈村岡典嗣〉(一八八四―一九四六)」峰島旭雄編『近代日本思想史の群像』北樹出版、一九九七年
玉懸博之「村岡典嗣」今谷明ほか編『20世紀の歴史家たち』刀水書房、一九九九年
前田勉「解説――日本思想史学の生誕」村岡典嗣著・前田勉校訂『新編日本思想史研究　村岡典嗣論文選』平凡社〈東洋文庫726〉、二〇〇四年

○学問内容の検討
新保祐司『日本思想史骨』構想社、一九九四年
*近年の村岡研究の先鞭をつけたものである。ここでは、村岡は日本思想の核心、いわば「骨」を直観していた人物として位置づけ、埋もれていた、忘れ去られていた人物を、卓越した知見とともに再び世に引き戻した書である。
田尻祐一郎「村岡典嗣と平泉澄――垂加神道の理解をめぐって」『東海大学文学部紀要』74、二〇〇〇年
畑中健二「村岡典嗣の国体論」『季刊日本思想史』63、二〇〇三年
高橋章則「村岡典嗣の「文献学」と聚書」『季刊日本思想史』63、二〇〇三年
高橋禎雄「村岡典嗣著増訂版『本居宣長』をめぐる二、三の問題――昭和2年自筆原稿の分析を中心に」『近代

史料研究』5、二〇〇五年
安酸敏眞「村岡典嗣と波多野精一——響応する二つの「学問的精神」」『北海学園大学人文論集』39、二〇〇八年
昆野伸幸「村岡典嗣の中世思想史研究」『季刊日本思想史』74、二〇〇九年
本村昌文「村岡典嗣「Plato ノ Staat ノ研究」に関する一考察」『岡山大学大学院社会文化科学研究科紀要』第41号、二〇一六年
『季刊日本思想史』74「村岡典嗣——新資料の紹介と展望」(二〇〇九年)所収の資料翻刻
本村昌文・中嶋英介「翻刻　村岡典嗣『古事記序文講義』」『日本思想史研究』41、二〇〇九年
本村昌文・中嶋英介「資料紹介村岡典嗣『仙台の吉利支丹について』」『東北大学史料館紀要』5、二〇一〇年
本村昌文「村岡典嗣と広島高等師範学校——村岡典嗣文書所収の講義ノート」『東北大学史料館紀要』6、二〇一一年
本村昌文「村岡典嗣と人文科学研究費」『東北大学史料館紀要』8、二〇一三年
曽根原理「村岡典嗣の臨終——梅沢文書の二点の資料から」『東北大学史料館紀要』8、二〇一三年

その他、本書執筆のための主な参考文献

阿部次郎『阿部次郎全集』第十七巻、角川書店、一九六六年
生方敏郎『明治大正見聞史』春秋社、一九二六年
大野晋・大久保正編『本居宣長全集』第一巻　筑摩書房、一九六八年
麻生磯次・板坂元・堤精二校注『日本古典文学大系47　西鶴集上』岩波書店、一九五七年
天野郁夫『大学の誕生(上)——帝国大学の時代』中央公論新社、二〇一三年
天野郁夫『大学の誕生(下)——大学への挑戦』中央公論新社、二〇一三年

池岡直孝『日本精神の闡明』章華社、一九三三年
石田文四郎『日本国民思想史講話』二松堂書店、一九二四年
石原謙・田中美知太郎ほか『宗教と哲学の根本にあるもの――波多野精一博士の学業について』岩波書店、一九五四年
石橋湛山『石橋湛山全集』第十五巻、東洋経済新報社、一九七二年
伊藤整他編『日本現代文学全集　第13（明治思想家集）』講談社、一九六八年
衣斐賢譲『佐佐木信綱の世界――「信綱かるた」歌のふるさと』中日新聞社、二〇〇八年
井箆節三『日本主義』平凡社、一九二六年
大川周明『日本精神研究』行地社、一九二七年
大西祝『大西博士全集』警醒社書店、一九〇三、一九〇四年
大村弘毅『坪内逍遙』吉川弘文館、一九五八年
大日方純夫「東京専門学校の創立と「学問の独立」」『早稲田大学史紀要』48号、二〇一七年
尾崎士郎『人生劇場　風雲篇・上』新潮社、一九四七年
金田耕平『日本牧牛家実伝』丸屋善七、一八八六年
鹿子木員信『新日本主義と歴史哲学』青年教育普及会、一九三二年
姜範錫『明治14年の政変――大隈重信一派が挑んだもの』朝日新聞社、一九九一年
苅部直『日本思想史への道案内』ＮＴＴ出版、二〇一七年
河野省三『日本精神発達史』大岡山書店、一九三二年
貴島大学研究室編『左翼右翼大学教授を解剖する』早稲田新聞社、一九三三年
北川英昭『佐々木弘綱の世界――幕末から維新期の歌人・歌学派国学者』佐佐木信綱顕彰会、二〇一三年

北川英昭（文）・渡部明美（絵）『佐々木弘綱伝――歌に生き郷土を愛す』佐佐木信綱顕彰会、二〇一四年
清原貞雄『日本国民思想史』東京宝文堂、一九二五年
楠家重敏『ネズミはまだ生きている――チェンバレンの伝記』雄松堂出版、一九八六年
倉沢剛『学制の研究』講談社、一九七三年
黒住真ほか編著『岩波講座　日本の思想　第一巻「日本」と日本思想』岩波書店、二〇一三年
小泉一雄編『ハーンに宛てたチェンバレン教授の手紙（続）More Letters from B. H. Chamberlain to Lafcadio Hearn』雄松堂書店、一九九二年
黒住真ほか編著『岩波講座　日本の思想　第四巻　自然と人為――「自然」観の変容』岩波書店、二〇一三年
河野與一『続　学問の曲り角』岩波書店、一九八六年
小林秀雄『本居宣長』新潮社、一九七七年
坂口安吾『堕落論・日本文化私観　他二十二篇』岩波書店、二〇〇八年
佐佐木信綱『賀茂真淵と本居宣長』広文堂書店、一九一七年
佐佐木信綱『佐佐木信綱――作歌八十二年』日本図書センター、一九九九年
佐佐木信綱撰『征清歌集』博文館、一八九四年
佐佐木幸綱監修『心の花〈復刻版〉』冬至書房、二〇〇一年
重松信弘『国学思想（日本思想大系Ⅲ）』理想社、一九四三年
志賀重昂全集刊行会編『志賀重昂全集　第一巻』志賀重昂刊行会、一九二八年
篠田英朗『ほんとうの憲法――戦後日本憲法学批判』筑摩書房、二〇一七年
清水正之「日本思想史と解釈学（一）」『論集（4）』三重大学、一九八六年
吹田順助「村岡典嗣君を憶ふ――覚え書き風に」『学芸手帖』第2号、六人社、一九五七年

吹田順助『旅人の夜の歌――自伝』講談社、一九五九年
鈴木範久『明治宗教思潮の研究――宗教学事始』東京大学出版会、一九七九年
先崎彰容『高山樗牛――美とナショナリズム』論創社、二〇一〇年
大日本雄弁会編『高田早苗博士大講演集』大日本雄弁会講談社、一九二七年
高須芳次郎『日本思想十六講』新潮社、一九二八年
高橋昌郎「キリスト教」『岩波講座　日本歴史15　近代〔2〕』岩波書店、一九六二年
高山林次郎著、斎藤信策・姉崎正治共編『樗牛全集　第四巻』博文館、一九〇七年
滝浦真人『山田孝雄――共同体の国学の夢』講談社、二〇〇九年
田制佐重『日本精神思想概説』文教書院、一九三三年
田中康二『本居宣長の大東亜戦争』ぺりかん社、二〇〇九年
田中義能『日本思想史概説』東京堂書店、一九三二年
中央大学百年史編集委員会専門委員会編『中央大学百年史』通史編上巻、中央大学、二〇〇一年
津田左右吉『津田左右吉歴史論集』岩波書店、二〇〇六年
坪内逍遙『小説神髄』岩波書店、二〇一〇年
東京文理科大学内道徳教育協会編『復刻版・雑誌　道徳教育』第2巻、国書刊行会、一九九九年
東北大学五十年史編集委員会編『東北大学五十年史』東北大学、一九六〇年
夏目漱石『私の個人主義』創元社、一九五一年
西村眞次『小野梓傳』冨山房、一九三五年
芳賀矢一『国学史概論』国語伝習所、一九〇〇年
芳賀矢一選集編集委員会編『芳賀矢一選集』第1巻、國學院大學、一九八二年

芳賀矢一選集編集委員会編『芳賀矢一選集』第6巻、國學院大學、一九八九年
畑中健二「山田孝雄と文献学」『季刊日本思想史』74、二〇〇九年
波多野精一『波多野精一全集』第6巻、岩波書店、一九四九年
原輝史『大学改革の先駆者　橘静二──業は急ぐに破れ、怠るに荒む』行人社、一九八四年
平岩昭三『検証藤村操──華厳の滝投身自殺事件』不二出版、二〇〇三年
藤岡武雄『年譜　斎藤茂吉伝』図書新聞社、一九六七年
藤田覚『幕藩制国家の政治史的研究──天保期の秩序・軍事・外交』校倉書房、一九八七年
二葉亭四迷「平凡」『近代文庫89　二葉亭四迷作品集　第二巻』創藝舎、一九五三年
堀田善衛『若き日の詩人たちの肖像　下』集英社、一九七七年
堀孝夫編著『大西祝「良心起原論」を読む──忘れられた倫理学者の復権』学術出版会、二〇〇九年
松村克己「晩年の波多野先生」『哲学研究』第35号、一九五二年
三島由紀夫『葉隠入門』新潮社、一九八三年
村岡哲『史想・随想・回想』太陽出版、一九八八年
村岡哲『続　史想・随想・回想』太陽出版、一九九八年
森鷗外『水沫集』春陽堂、一八九二年
森鷗外「ヰタ・セクスアリス」『森鷗外作品集』酣灯社、一九五一年
森鷗外『鷗外全集』第二十六巻、岩波書店、一九七三年
安岡正篤『日本精神の研究』玄黄社、一九二四年
安岡正篤『増補改訂　日本精神の研究』玄黄社、一九三七年
安酸敏眞「アウグスト・ベークと文献学」『北海学園大学人文論集』37、二〇〇七年

安酸敏眞「アウグスト・ベークの解釈学」『年報新人文学』6、二〇〇九年
山田忠雄ほか編『山田孝雄年譜』宝文館、一九五九年
山田忠雄編『山田孝雄の立志時代』吉川弘文館、一九六九年
山田義直『日本精神の一貫と国史教育』目黒書店、一九三〇年
ルイ・オウギュスト・サバティエ著、波多野精一・村岡典嗣訳『宗教哲学概論』内田老鶴圃、一九〇七年
早稲田大学大学史編集所編『小野梓全集　第五巻』早稲田大学出版部、一九八二年
早稲田大学大学史編集所編『早稲田大学百年史』本編、全五巻、早稲田大学、一九七八～九七年
亘理章三郎『建国の精神と建国史観』大成書院、一九二九年
和辻哲郎『日本精神史研究』岩波書店、一九二六年
和辻哲郎「『自然』を深めよ」「懐疑と信仰」『和辻哲郎全集　第十七巻』岩波書店、一九六三年
チェンバレン、高梨健吉訳『日本事物誌１』平凡社、一九六七年
チェンバレン、高梨健吉訳『日本事物誌２』平凡社、一九六九年
E・ホブズボウム、T・レンジャー編、前川啓治、梶原景昭他訳『創られた伝統』紀伊國屋書店、一九九二年
H・E・ハーマー編、岩波哲男・岡本不二夫訳『明治キリスト教の一断面　宣教師シュピンナーの『滞在日記』』教文館、一九九八年

あとがき

少し自分語りを許してもらいたい。

二〇年以上前の大学一年のことである。特に強い意志もなく、何とはなしに丸山真男についての講義に出席していた時、その中で本居宣長という名を耳にする。高校の教科書以上の知識がなかった私は、丸山が展開する論理の重要なキーマンとして、江戸時代の国学者が取り上げられていたことに少なからず驚き、講義後、大学の図書館に向かった。

少し古めかしい『本居宣長全集』の前に立つところまではスムーズであったが、初めて〝原書〟というものに対峙したとき、急に「虞」に近いものが到来し、その勢いは滞る。読むわけでもなく、帰るわけでもなく、しばらくただその背表紙をぼんやりと眺めるにまかせていた時、全集の横に並べられていた本が目に入った。

「村岡……てんつぐ？」

読めない著者の『本居宣長』という本を、私は、気づかぬうちに手にとっていた。

そして躊躇することなく、はらりとめくったその字面から、圧倒的な「知性」の迫力に酔った私は、そこでは一字も読むことなく、そのまま借り出し、家に持ち帰った。何かそうせざるを得なかったのである。

今考えると、それが私の「学問」との初めての出会いであり、その始まりは、ただただ紙面から感じた〝色香〟にやられてしまったことになる。家に帰り少し調べてみると、「村岡典嗣」という人物は、東北大学の教授であったことが分かる。私が生まれ育った宮城県仙台市にあり、父が勤めている大学である。その事実は、運命とも言える〝縁〟を感じさせるには十分であった。盲目ゆえの幸せな勘違いであった。

残念ながらその〝恋路〟は、まともに読み進めることができないうちに返却という期限を迎え、別れることになる。最初の相手としては、実力、経験ともに足りず、全く歯が立たなかったのである。ここから始まったとも言える私の拙い学究生活は、結局のところ、ただただ〝初恋〟の相手との再会を目指していたのかもしれない。

十年以上の後、「本居宣長」をテーマにした博士論文を提出してからしばらく経ったころ、ある人から村岡の評伝を書いてみないかという提案をいただいた。最初はあまりに恐れ多く、その場で即座に断ったが、その話は〝初恋〟の思い出を去来させ、頭から離れることがなかった。

＊

犬をも喰わぬ旅路の果てに、村岡典嗣の一生に対峙した今、実感することとは、私ごときの枠組みに収まりきらなかった村岡の想いと事象の拡がりである。したがって、この本が誘い水になることで、第二、第三の評伝や、より豊かな研究が世に出ることが筆者の真の願いであり、それを切に願う者である。

最後に、本書執筆にあたって特にお世話になった方々に謝意を表したい。

村岡典嗣研究の第一人者である池上隆史先生には、不躾なお願いや質問にも快くご対応していただき、また貴重な資料のご提供をいただいた。そもそも池上先生のこれまで研究がなければこの本が形になることは決してなかった。曽根原理先生、本村昌文先生には、大変お忙しいなか、原稿段階のものをお読みいただき、数々のご助言をいただいた。そして、これまで長期にわたって、ご指導いただいている佐藤弘夫先生には、あらためてこの場を借りて御礼を申し上げたい。

本書の執筆は、川久保剛先生の薦めるところから始まり、その提案を受けてくださったミネルヴァ書房編集部の田引勝二氏には、多岐にわたってご尽力いただいた。お二人には、厚く御礼を申し上げる次第である。

最後に、これまで「日本思想史」を紡いできた方々に、心よりの尊敬と謝意を表する。

水野雄司

早稲田大学出身の祖父

東北大学に勤めた父

常に一番の批評家である母へ捧ぐ

村岡典嗣略年譜

和暦	西暦	齢	関係事項	一般事項
明治一七	一八八四		9・18東京市浅草区森下町一番地に、丹羽国山家藩村岡典安の長男として生誕。幼少期、佐佐木家に寄宿し、佐々木弘綱の薫陶を受ける。	
二九	一八九六	12	4月開成尋常中学校入学。	3・30日清戦争終結。
三四	一九〇一	17	4月東京専門学校高等予科入学。	
三五	一九〇二	18	9月早稲田大学文学科（哲学専攻）入学。波多野精一に師事し、西洋哲学を学ぶ。	1・30日英同盟締結。
三九	一九〇六	22	7月早稲田大学卒業。9月独逸新教神学校入学。神学に関する英語・ドイツ語の講義を聴講。	
四〇	一九〇七	23	6月村岡・波多野共訳、ルイ・オウギュスト・サバティエ『宗教哲学概論』（内田老鶴圃）。	
四一	一九〇八	24	柳下起家と結婚。東京府大森に住す。4月ヘラルド株式会社内日独郵報社に入社。週刊新聞 Deutsche Japan-Post の記事・論説の翻訳に従事。	

四四	一九一一	27	2月『本居宣長』（警醒社書店）。	
大正 三	一九一四	30	9月対独宣戦布告により、日独郵報社解散。同社を辞す。父典安死去。享年六十七歳。11月訳書『ヴィンデルバント近世哲学史　第壱　近世初期の部』（内田老鶴圃）。	7月第一次世界大戦勃発。
四	一九一五	31	4月早稲田大学講師就任。7月「復古神道に於ける幽冥観の変遷」。	
五	一九一六	32	7月陸軍士官学校陸軍助教（英語）就任。	
六	一九一七	33	9月「早稲田騒動」により早稲田大学辞職。	11月第一次世界大戦終結。
八	一九一九	35	5月広島高等師範学校講師（修身・独語担当）就任。	
九	一九二〇	36	2月広島高等師範学校教授（修身担当）就任。「平田篤胤の神学に於ける耶蘇教の影響」。	
一一	一九二二	38	4月東北帝国大学法文学部教授に内定。文化史学研究のため、満二年間の欧州（独・英・仏）留学を命じられる。滞在中に、多くの書物を購入し、また日本学者チェンバレンのもとを訪れる。	
一三	一九二四	40	3月帰国。4月東北帝国大学法文学部教授着任。文化史学第一講座（日本思想史専攻）担任。10月「南里有隣の神道思想」。	
一四	一九二五	41	6月山田孝雄（国文学講座担当講師）と共に国学談	

和暦	西暦	齢	事項	一般事項
			話会を結成。	
一五	一九二六	42	5月阿部次郎と小宮豊隆による芭蕉俳諧研究会に山田と共に参加。他の参加者は、土井光知、岡崎義恵、太田正雄、小牧健夫。	
昭和三	一九二八	44	増訂『本居宣長』（岩波書店）。	6・4張作霖爆殺事件。
四	一九二九	45	東北帝国大学附属図書館長に補任。	世界恐慌。
五	一九三〇	46	「日本思想史の時代的区画観と各期の特色」（講義草案）。6月校訂書・司馬江漢『天地理談』岡書院。11月『日本思想史研究』（岡書院）。	
七	一九三二	48	「国民精神の淵源」（講演）。	3・1満州国建国。
八	一九三三	49	4月文部省内思想問題研究会編『国民精神の淵源』（青年教育普及会）。12月「日本精神について」稿了。	6・10佐野学・鍋山貞親転向声明。
九	一九三四	50	4月日本思想史学会創立。校訂書・本居宣長『うひ山ふみ・鈴屋答問録』（岩波文庫）。5月「日本思想史の研究法について」（稿了）。6月校訂書・本居宣長『玉勝間　上』（岩波文庫）。9月校訂書・本居宣長『玉勝間　下』（岩波文庫）。12月校訂書・本居宣長『玉くしげ・秘本玉くしげ』（岩波文庫）。	
一〇	一九三五	51	3月「日本学者としての故チャンブレン教授」（稿了）。4月東京帝国大学文学部講師嘱託。「国体思想	8・3、10・15国体明徴声明。

一一	一九三六	52	の淵源とその発展」「近世に於ける国体思想の発展」（講義ノート）。7月校訂書・本居宣長『直毘靈・玉鉾百首・同解』（岩波文庫）。9月校訂書・新井白石『読史余論』（岩波文庫）。10月校訂書・新井白石『西洋紀聞』（岩波文庫）。	2・26二・二六事件。
一二	一九三七	53	5月東京文理科大学教授（国体論）兼官。	7・7盧溝橋事件。
一三	一九三八	54	4月『日本文化史概説』（岩波書店）。5月校訂書・山崎闇斎『垂加翁神説・垂加神道初重伝』（岩波文庫）。6月『素行・宣長』（大教育家文庫6・岩波書店）。	
一四	一九三九	55	2月『続　日本思想史研究』（岩波書店）。3月校訂書・林子平『海国兵談』（岩波文庫）。	9月第二次世界大戦勃発。
一五	一九四〇	56	4月東京帝国大学法学部政治学政治学史第三講座（東洋政治思想史）講師嘱託。津田左右吉の後任。6月校訂書・山鹿素行『聖教要録・配所残筆』（岩波文庫）。10月『増訂　日本思想史研究』（岩波書店）。	
一七	一九四二	58	12月編纂・校訂書・『本居宣長全集』第一冊（岩波書店）。全集は全二十九巻を予定。	

一八	一九四三	59	5月編纂・校訂書・『本居宣長全集』第二冊（岩波書店）。8月編纂・校訂書・『本居宣長全集』第三冊（岩波書店）。11月編纂・校訂書・『本居宣長全集』第二十五冊（岩波書店）。	
一九	一九四四	60	2月編纂・校訂書・『本居宣長全集』第二十六冊（岩波書店）。8月編纂・校訂書・『本居宣長全集』第十三冊（岩波書店）。	
二〇	一九四五	61	9月講演「日本精神を論じて敗戦の原因に及ぶ」（於東北帝国大学終戦記念講演会）。12月『平田篤胤』（稿了）。	8・15第二次世界大戦終結。
二一	一九四六		3月東北帝国大学定年退官。4・13午前九時十三分、抗酸菌病研究所附属病院（現加齢医学研究所付属病院）八号室にて逝去。曹洞宗円福寺（仙台市若林区）にて葬儀を執行。墓所は東京の谷中霊園。	

※池上隆史「村岡典嗣年譜」（前田勉編『新編　日本思想史研究　村岡典嗣論文選』平凡社、二〇〇四年）をもとに作成。

*廣池千九郎　橋本富太郎
岩村透　今橋映子
*西田幾多郎　大橋良介
*金沢庄三郎　石川遼子
柳田国男　鶴見太郎
厨川白村　張競
*村岡典嗣　水野雄司
大川周明　山内昌之
西田直二郎　林淳
折口信夫　斎藤英喜
シュタイン　瀧井一博
*西周　清水多吉
*福澤諭吉　平山洋
成島柳北　山田俊治
福地桜痴　山田俊治
*村山龍平　早房長治
島田三郎　武藤秀太郎
田口卯吉　鈴木栄樹
*陸羯南　松田宏一郎
黒岩涙香　奥武則
長谷川如是閑　織田健志
*吉野作造　田澤晴子
山川均　米原謙
*岩波茂雄　十重田裕一
*北一輝　岡本幸治
*穂積重遠　大村敦志
中野正剛　吉田則昭
*満川亀太郎　福家崇洋
*エドモンド・モレル　林田治男
*北里柴三郎　福田眞人

高峰譲吉　木村昌人
田辺朔郎　秋元せき
*南方熊楠　飯倉照平
石原純　金子務
*辰野金吾　河上眞理・清水重敦
*七代目小川治兵衛　尼崎博正
本多静六　岡本貴久子
ブルーノ・タウト　北村昌史

現代

昭和天皇　御厨貴
高松宮宣仁親王　後藤致人
*李方子　小田部雄次
吉田茂　中西寛
マッカーサー　柴山太
鳩山一郎　楠綾子
*石橋湛山　増田弘
重光葵　武田知己
市川房枝　村井良太
*池田勇人　藤井信幸
高野実　篠田徹
和田博雄　庄司俊作
朴正熙　木村幹
*田中角栄　新川敏光
宮沢喜一　村上友章
竹下登　真渕勝
*松永安左エ門　橘川武郎

鮎川義介　井口治夫
*出光佐三　橘川武郎
*松下幸之助　米倉誠一郎
渋沢敬三　井上潤
*本田宗一郎　伊丹敬之
*井深大　武田徹
*佐治敬三　小玉武
幸田家の人々　金井景子
*正宗白鳥　大嶋仁
*大佛次郎　福島行一
*川端康成　大久保喬樹
*薩摩治郎八　小林茂
坂口安吾　千葉一幹
太宰治　安藤宏
松本清張　杉原志啓
安部公房　鳥羽耕史
*三島由紀夫　島内景二
井上ひさし　成田龍一
R・H・ブライス　菅原克也
柳宗悦　熊倉功夫
バーナード・リーチ　鈴木禎宏
イサム・ノグチ　酒井忠康
熊谷守一　古川秀昭
川端龍子　岡部昌幸
藤田嗣治　林洋子
*井上有一　海上雅臣
*手塚治虫　竹内オサム
古賀政男　藍川由美

*吉田正　金子勇
武満徹　船山隆
*八代目坂東三津五郎　田口章子
*力道山　岡村正史
*西田天香　宮田昌明
安倍能成　中根隆行
サンソム夫妻　平川祐弘・牧野陽子
*天野貞祐　貝塚茂樹
和辻哲郎　小坂国継
矢代幸雄　稲賀繁美
石田幹之助　岡本さえ
*平泉澄　若井敏明
*早川孝太郎　須藤功
安岡正篤　片山杜秀
青山二郎　田野勲
島田謹二　小林信行
田中美知太郎　川久保剛
前嶋信次　杉田英明
*唐木順三　澤村修治
亀井勝一郎　山本直人
知里真志保　北原治郎太
*保田與重郎　谷崎昭男
石母田正　磯前順一
*福田恆存　川久保剛
井筒俊彦　安藤礼二
佐々木惣一　伊藤孝夫
小泉信三　都倉武之
*瀧川幸辰　伊藤孝夫
式場隆三郎　服部正

大宅壮一　有馬学
清水幾太郎　庄司武史
*フランク・ロイド・ライト　大久保美春
*中谷宇吉郎　杉山滋郎
今西錦司　山極寿一

*は既刊
二〇一八年十一月現在

*岩瀬忠震　小野寺龍太
*栗本鋤雲　小野寺龍太
大村益次郎　竹本知行
河井継之助　小川和也
*西郷隆盛　家近良樹
*由利公正　角鹿尚計
*塚本明毅　塚本学
*月性　海原徹
*吉田松陰　海原徹
*高杉晋作　海原徹
久坂玄瑞　一坂太郎
ペリー　遠藤泰生
ハリス　福岡万里子
オールコック　佐野真由子
アーネスト・サトウ　奈良岡聰智
緒方洪庵　米田該典

近代

*明治天皇　伊藤之雄
*大正天皇　F・R・ディキンソン
*昭憲皇太后・貞明皇后　小田部雄次
大久保利通　三谷太一郎
山県有朋　鳥海靖
木戸孝允　落合弘樹
井上馨　伊藤之雄
*松方正義　室山義正
北垣国道　小林丈広
板垣退助　小川原正道

長与専斎　笠原英彦
大隈重信　五百旗頭薫
伊藤博文　坂本一登
井上毅　大石眞
*井上勝　老川慶喜
*桂太郎　小林道彦
*渡邉洪基　瀧井一博
*乃木希典　佐々木英昭
星亨　小林道彦
林董　奈良岡聰智
*児玉源太郎　小林道彦
*高宗・閔妃　木村幹
山本権兵衛　室山義正
*金子堅太郎　松村正義
高橋是清　鈴木俊夫
小村寿太郎　簑原俊洋
*犬養毅　小林惟司
原敬　季武嘉也
*加藤高明　櫻井良樹
牧野伸顕　小宮一夫
田中義一　黒沢文貴
内田康哉　高橋勝浩
石井菊次郎　廣部泉
平沼騏一郎　堀田慎一郎
*鈴木貫太郎　小堀桂一郎
宇垣一成　北岡伸一
*宮崎滔天　榎本泰子
*浜口雄幸　川田稔
幣原喜重郎　西田敏宏
関一　玉井金五
水野広徳　片山慶隆

広田弘毅　井上寿一
安重根　上垣外憲一
*グルー　廣部泉
*永田鉄山　森靖夫
東條英機　牛村圭
今村均　前田雅之
蒋介石　劉岸偉
石原莞爾　山室信一
近衛文麿　庄司潤一郎
*岩崎弥太郎　武田晴人
伊藤忠兵衛　末永國紀
五代友厚　田付茉莉子
大倉喜八郎　村上勝彦
*安田善次郎　由井常彦
渋沢栄一　武田晴人
中野武営　佐賀香織
益田孝　鈴木邦夫
山辺丈夫　宮本又郎
武藤山治　阿部武司・桑原哲也
池田成彬　松浦正孝
西原亀三　森川正則
小林一三　橋爪紳也
大倉恒吉　石川健次郎
大原孫三郎　猪木武徳
*河竹黙阿弥　今尾哲也
イザベラ・バード　加納孝代
*林忠正　木々康子
*森鷗外　小堀桂一郎
*二葉亭四迷　ヨコタ村上孝之
*夏目漱石　佐々木英昭

徳冨蘆花　半藤英明
巌谷小波　千葉信胤
樋口一葉　佐伯順子
*島崎藤村　十川信介
泉鏡花　東郷克美
上田敏　小林茂
*有島武郎　亀井俊介
永井荷風　川本三郎
北原白秋　平石典子
菊池寛　山本芳明
芥川龍之介　高橋龍夫
*宮沢賢治　千葉一幹
高浜虚子　坪内稔典
与謝野晶子　佐伯順子
*種田山頭火　村上護
*斎藤茂吉　品田悦一
*高村光太郎　湯原かの子
石川啄木　先崎彰容
萩原朔太郎　エリス俊子
*原阿佐緒　秋山佐和子
*狩野芳崖・高橋由一　古田亮
川村清雄　落合則子
*小堀鞆音　小堀桂一郎
竹内栖鳳　北澤憲昭
黒田清輝　高階秀爾
中村不折　石川九楊
横山大観　高階秀爾
*橋本関雪　西原大輔
小出楢重　芳賀徹
土田麦僊　天野一夫

岸田劉生　北澤憲昭
濱田庄司　濱田琢司
*山田耕筰　後藤暢子
松旭斎天勝　川添裕
中山みき　鎌田東二
佐田介石　谷川穣
*ニコライ　中村健之介
*出口なお・王仁三郎　川村邦光
島地黙雷　阪本是丸
*新島襄　太田雄三
新島八重　佐伯順子
木下広次　冨岡勝
海老名弾正　西田毅
嘉納治五郎　クリストファー・スピルマン
柏木義円　片野真佐子
津田梅子　田中智子
*澤柳政太郎　新田義之
河口慧海　高山龍三
山室軍平　室田保夫
大谷光瑞　白須淨眞
*久米邦武　高田誠二
フェノロサ　伊藤豊
井上哲次郎　井ノ口哲也
三宅雪嶺　長妻三佐雄
*岡倉天心　木下長宏
志賀重昂　中野目徹
徳富蘇峰　杉原志啓
*竹越与三郎　西田毅
内藤湖南・桑原隲蔵　礪波護

南北朝・室町

後醍醐天皇　上横手雅敬
*護良親王　新井孝重
懐良親王　森　茂暁
*赤松氏五代　渡邊大門
*北畠親房　岡野友彦
楠正成　兵藤裕己
楠木正行・正儀　生駒孝臣
*新田義貞　山本隆志
*光厳天皇　深津睦夫
足利尊氏　市沢　哲
*足利直義　亀田俊和
佐々木道誉　下坂　守
細川頼之　亀田俊和
円観・文観　田中貴子
足利義詮　早島大祐
足利義満　川嶋將生
*足利義持　吉田賢司
足利義教　横井　清
足利義政　木下昌規
*大内義弘　平瀬直樹
伏見宮貞成親王　松薗　斉
*山名宗全　山本隆志
細川勝元・政元　古野　貢
畠山義就　呉座勇一
足利成氏　阿部能久
世阿弥　西野春雄
雪舟等楊　河合正朝
宗祇　鶴崎裕雄
*満済　森　茂暁
一休宗純　原田正俊
蓮如　岡村喜史

戦国・織豊

北条早雲　家永遵嗣
*北条氏政　黒田基樹
大内義隆　藤井　崇
斎藤氏三代　木下　聡
*毛利元就　岸田裕之
*毛利輝元　光成準治
小早川隆景・秀秋　光成準治
六角定頼　村井祐樹
*今川義元　小和田哲男
*武田信玄　笹本正治
*武田勝頼　笹本正治
*真田氏三代　笹本正治
*三好長慶　天野忠幸
松永久秀　天野忠幸
*宇喜多直家・秀家　渡邊大門
*上杉謙信　矢田俊文
大友宗麟　鹿毛敏夫
島津義久・義弘　福島金治
*長宗我部元親・盛親　平井上総
浅井長政　長谷川裕子
吉田兼倶　西山　克
山科言継　松薗　斉
*雪村周継　赤澤英二
正親町天皇・後陽成天皇　神田裕理
足利義輝・義昭　山田康弘
織田信長　三鬼清一郎
織田長益　八尾嘉男
豊臣秀吉　藤井讓治
豊臣秀次　矢部健太郎
*北政所おね　田端泰子
*淀殿　福田千鶴
蜂須賀正勝・家政　三宅正浩
前田利家　東四柳史明
山内一豊・忠義　長屋隆幸
*黒田如水　小和田哲男
*蒲生氏郷　藤田達生
石田三成　堀越祐一
*細川ガラシャ　田端泰子
伊達政宗　伊藤喜良
*支倉常長　田中英道
千利休　熊倉功夫
*長谷川等伯　宮島新一
顕如　神田千里
教如　安藤　弥

江戸

*徳川家康　笠谷和比古
本多忠勝　柴　裕之
*徳川家光　野村　玄
徳川吉宗　横田冬彦
*後水尾天皇　久保貴子
後桜町天皇　所　京子
*光格天皇　藤田　覚
崇伝　杣田善雄
*春日局　福田千鶴
宮本武蔵　渡邊大門
*池田光政　倉地克直
保科正之　八木清治
シャクシャイン　岩崎奈緒子
*田沼意次　藤田　覚
細川重賢　安高啓明
*二宮尊徳　小林惟司
末次平蔵　岡　美穂子
*高田屋嘉兵衛　生田美智子
*林羅山　鈴木健一
吉野太夫　渡辺憲司
中江藤樹　辻本雅史
熊沢蕃山　川口　浩
*山崎闇斎　澤井啓一
山鹿素行　前田　勉
*北村季吟　島内景二
伊藤仁斎　澤井啓一
貝原益軒　辻本雅史
*ケンペル　B・M・ボダルト＝ベイリー
新井白石　大川　真
荻生徂徠　柴田　純
*雨森芳洲　上田正昭
石田梅岩　高野秀晴
白隠慧鶴　芳澤勝弘
前野良沢　松田　清
平賀源内　石上　敏
本居宣長　田尻祐一郎
杉田玄白　吉田　忠
木村蒹葭堂　有坂道子
*大田南畝　沓掛良彦
菅江真澄　赤坂憲雄
*鶴屋南北　諏訪春雄
良寛　阿部龍一
*山東京伝　佐藤至子
*滝沢馬琴　高田　衛
平田篤胤　山下久夫
国友一貫斎　太田浩司
シーボルト　宮坂正英
本阿弥光悦　岡　佳子
小堀遠州　中村利則
狩野探幽・山雪　山下善也
尾形光琳・乾山　河野元昭
*二代目市川團十郎　田口章子
伊藤若冲　狩野博幸
浦上玉堂　高橋博巳
*佐竹曙山　成瀬不二雄
葛飾北斎　岸　文和
酒井抱一　玉蟲敏子
孝明天皇　青山忠正
*和宮　辻ミチ子
徳川慶喜　大庭邦彦
島津斉彬　原口　泉
横井小楠　沖田行司
*古賀謹一郎　小野寺龍太
*永井尚志　高村直助

ミネルヴァ日本評伝選

上代

*俾弥呼　古田武彦
日本武尊　西宮秀紀
*仁徳天皇　若井敏明
雄略天皇　吉村武彦
継体天皇　若井敏明
*蘇我氏四代　遠山美都男
推古天皇　義江明子
聖徳太子　仁藤敦史
斉明天皇　武田佐知子
*小野妹子・毛人・毛野　大橋信弥
*額田王　梶川信行
弘文天皇　遠山美都男
天武天皇　新川登亀男
持統天皇　丸山裕美子
阿倍比羅夫　熊田亮介
*藤原四子　木本好信
*柿本人麿　古橋信孝
*元明天皇・元正天皇　渡部育子
聖武天皇　本郷真紹
光明皇后　寺崎保広

平安

*孝謙・称徳天皇　勝浦令子
藤原不比等　荒木敏夫
橘諸兄・奈良麻呂　遠山美都男
吉備真備　今津勝紀
*藤原仲麻呂　木本好信
道鏡　吉川真司
*藤原種継　木本好信
*行基　吉田靖雄
*桓武天皇　井上満郎
嵯峨天皇　西別府元日
宇多天皇　古藤真平
醍醐天皇　石上英一
村上天皇　京樂真帆子
花山天皇　上島　享
*三条天皇　倉本一宏
藤原薬子　中野渡俊治
*藤原良房・基経　瀧浪貞子
*紀貫之　神田龍身
源高明　所　功
*安倍晴明　斎藤英喜

藤原実資　橋本義則
*藤原道長　朧谷　寿
*藤原伊周・隆家　倉本一宏
藤原定子　山本淳子
*藤原彰子　朧谷　寿
清少納言　三田村雅子
紫式部　竹西寛子
和泉式部　ツベタナ・クリステワ
大江匡房　小峯和明
*阿弖流為　樋口知志
坂上田村麻呂　熊谷公男
*源満仲・頼光　元木泰雄
平将門　西山良平
藤原純友　寺内　浩
最澄　吉田一彦
円珍　岡野浩二
*空也　石井義長
奝然　上川通夫
*源信　小原　仁
慶滋保胤　吉原浩人
*後白河天皇　美川　圭

*式子内親王　奥野陽子
建礼門院　生形貴重
*藤原秀衡　入間田宣夫
平時子・時忠　元木泰雄
平維盛　根井　浄
守覚法親王　阿部泰郎
藤原隆信・信実　山本陽子

鎌倉

源頼朝　川合　康
*源義経　近藤好和
源実朝　神田龍身
*九条兼実　加納重文
九条道家　上横手雅敬
北条時政　野口　実
熊谷直実　佐伯真一
*北条政子　関　幸彦
北条義時　岡田清一
曾我十郎・五郎　杉橋隆夫
北条時頼　山本隆志
北条時宗　近藤成一
安達泰盛　山陰加春夫

平頼綱　細川重男
竹崎季長　堀本一繁
西行　光田和伸
鴨長明　浅見和彦
藤原定家　赤瀬信吾
*京極為兼　今谷　明
*兼好　島内裕子
重源　横内裕人
*運慶　根立研介
快慶　井上一稔
法然　今堀太逸
栄西　中尾良信
明恵　西山　厚
*親鸞　末木文美士
恵信尼・覚信尼　西口順子
覚如　今井雅晴
*道元　船岡　誠
*叡尊　細川涼一
*忍性　松尾剛次
*日蓮　佐藤弘夫
一遍　蒲池勢至
夢窓疎石　原田正俊
*宗峰妙超　竹貫元勝

刊行のことば

歴史を動かすものは人間であり、興趣に富んだ人間の動きを通じて、世の移り変わりを考えるのは、歴史に接する醍醐味である。

しかし過去の歴史学を顧みるとき、人間不在という批判さえ見られたように、歴史における人間のすがたが、必ずしも十分に描かれてきたとはいえない。二十一世紀を迎えた今、歴史の中の人物像を蘇生させようとの要請はいよいよ強く、またそのための条件もしだいに熟してきている。

この「ミネルヴァ日本評伝選」は、正確な史実に基づいて書かれるのはいうまでもないが、単に経歴の羅列にとどまらず、歴史を動かしてきたすぐれた個性をいきいきとよみがえらせたいと考える。そのためには、対象とした人物とじっくりと対話し、ときにはきびしく対決していくことも必要になるだろう。

今日の歴史学が直面している困難の一つに、研究の過度の細分化、瑣末化が挙げられる。それは緻密さを求めるが故に陥った弊害といえるが、その結果として、歴史の大きな見通しが失われ、歴史学を通しての社会への働きかけの途が閉ざされ、人々の歴史への関心を弱める危険性がある。今こそ歴史が何のためにあるのかという、基本的な課題に応える必要があろう。評伝という興味ある方法を通じて、解決の手がかりを見出せないだろうかというのも、この企画の一つのねらいである。

狭義の歴史学の研究者だけでなく、多くの分野ですぐれた業績をあげている著者たちを迎えて、従来見られなかった規模の大きな人物史の叢書として、「ミネルヴァ日本評伝選」の刊行を開始したい。

平成十五年（二〇〇三）九月

ミネルヴァ書房

《著者紹介》

水野雄司（みずの・ゆうじ）

1976年（昭和51）　宮城県仙台市生まれ。

2010年　東北大学大学院文学研究科（日本思想史）博士課程単位取得修了。
文学博士。

現　在　一般社団法人倫理研究所倫理文化研究センター専門研究員。武蔵野大学教養教育リサーチセンター・麗澤大学道徳科学教育センター客員研究員。宇都宮大学・栃木医療センター附属看護学校講師。

著　書　『本居宣長の思想構造――その変質の諸相』（東北大学出版会，2015年）。

ミネルヴァ日本評伝選

村《むら》岡《おか》典《つね》嗣《つぐ》

――日本精神文化の真義を闡明せむ――

2018年11月10日　初版第１刷発行　〈検印省略〉

定価はカバーに
表示しています

著　者　水　野　雄　司

発行者　杉　田　啓　三

印刷者　江　戸　孝　典

発行所　株式会社　ミネルヴァ書房

607-8494 京都市山科区日ノ岡堤谷町１
電話代表（075）581-5191
振替口座 01020-0-8076

　共同印刷工業・新生製本

ISBN978-4-623-08476-0

Printed in Japan

人名索引

※「村岡典嗣」は頻出するため省略した。

な　行

は　行

ま　行

や　行

ら　行

わ　行

事項索引

※「日本思想」「日本思想史（学）」等は頻出するため省略した。

あ　行

か　行

さ　行

た　行

な　行